Die Fotografin **Katja Kreder** startet vom oberbayerischen Murnau zu Fotorechercherreisen in die ganze Welt – und besonders gern nach Österreich

Für den Wiener Journalisten **Stefan Spath** ist Kärnten das abwechslungsreichste österreichische Bundesland.

Liebe Leserinnen, liebe Leser!

Trotz aller politischen Turbulenzen in den vergangenen Jahren hat Österreichs südlichstes Bundesland Kärnten von seinen Urlaubsqualitäten nichts eingebüßt. Ein Beispiel dafür stellt der 2013 eröffnete Aussichtsturm am Pyramidenkogel dar. In 70 Meter Höhe kann man einen spektakulären Blick über fünf Seen genießen und sich darauf besinnen, was Kärnten als Urlaubsland ausmacht. Seine „natürliche Infrastruktur" aus Bergen und Seen ist einfach einzigartig, seine Kultur vielfältig, von der Gastfreundlichkeit gar nicht zu reden.

Hübsche Seen, hohe Berge
Rund 200 Badeseen gibt es in Kärnten. Als wärmster gilt der Klopeiner See, er bringt es im Hochsommer bis auf stattliche 29 Grad Celsius. Und das schätzen nicht nur Familien! Wie kaum eine Region sonst in den Alpen vereint Kärnten Badespaß mit Wandergenuss und Aktivurlaub. Man kann herrliche Wandertouren unternehmen, sei es im Hoch- oder Mittelgebirge oder aber an den Ufern der Seen flanieren. Und für diverse weitere Aktivitäten ist ohnehin gesorgt. Wem eine Wanderung oder Radtour nicht genügend Nervenkitzel bringt, der folge einem Tipp des Autoren Stefan Spath und versuche sich im Paragleiten an der Gerlitzen oder beim Flying-Fox-Abenteuer im Waldseilpark Tscheppaschlucht (S. 101 und 115).

Genuss und Wellness
Und wenn Ihnen dann nach all der körperlichen Betätigung der Sinn nach Erholung und Entspannung steht, kann ich Ihnen nur raten, einmal Wellness in seiner spartanischen Form zu testen. Im Karlbad an der Nockalmstraße badet man in ausgehöhlten Lärchenstämmen – sehr rustikal. Bei einer Temperatur von 40 Grad Celsius soll das Wasser seine optimale gesundheitsfördernde Wirkung entfalten. Ob es wirklich die Wirkung des Wassers war, die herrliche Luft oder das vorzügliche Essen, ich habe mich dort auf jeden Fall sehr wohl gefühlt. Übrigens kann man als Tagesgast auch ein „Schnupperbad" genießen (S. 54 ff).
Herzlich Ihre

Birgit Borowski

Birgit Borowski
Programmleiterin DuMont Bildatlas

W0055149

54–57
SCHÖNE TRADITION!

Wellness-Anwendungen haben in Kärnten eine uralte Tradition. Heutzutage ist für jeden Geschmack das Passende dabei.

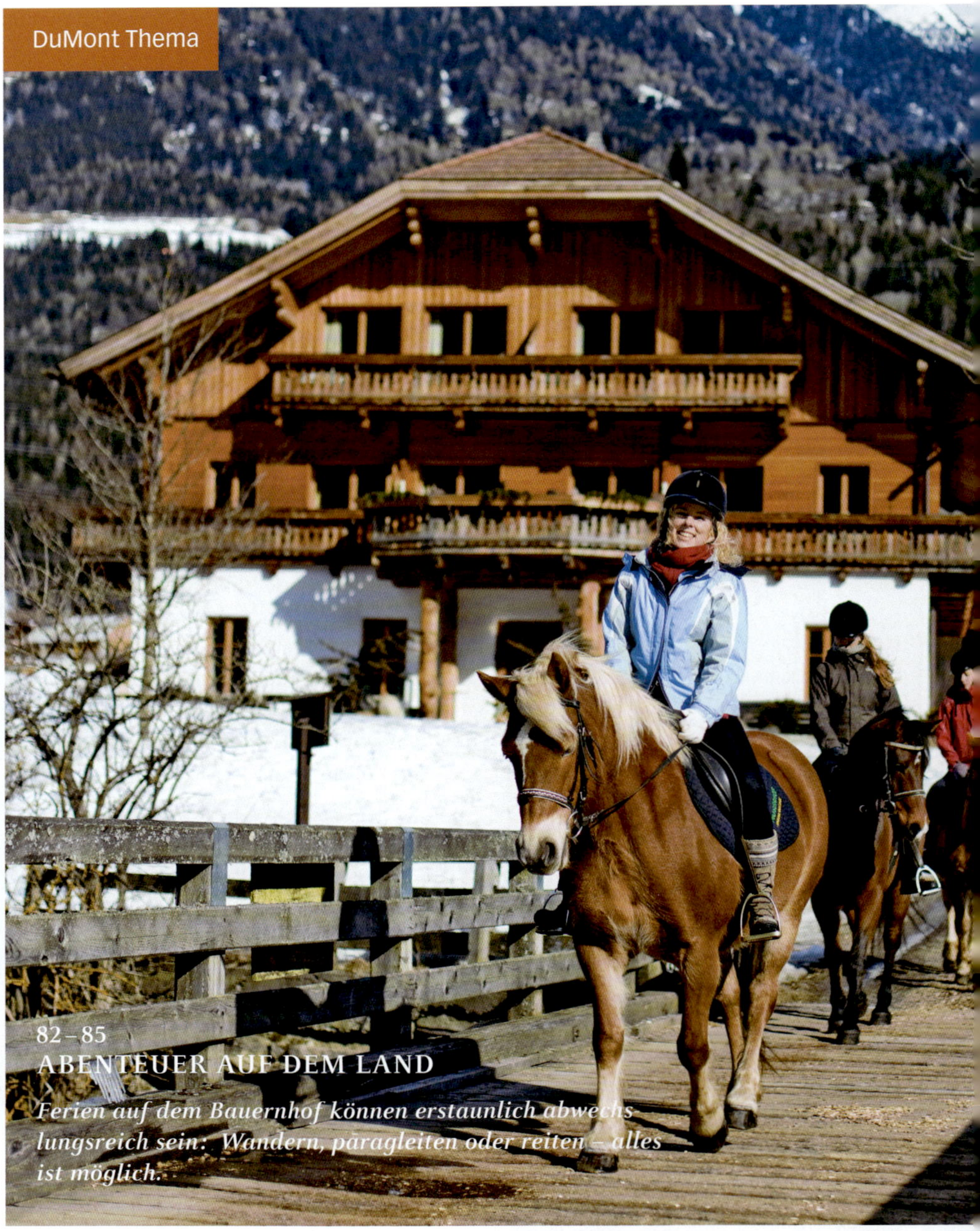

82–85
ABENTEUER AUF DEM LAND

Ferien auf dem Bauernhof können erstaunlich abwechslungsreich sein: Wandern, paragleiten oder reiten – alles ist möglich.

34–47
GESCHICHTSTRÄCHTIG

Das Zollfeld und Mittelkärnten sind reich an historischem Erbe, aber auch an idyllischer Bergromantik.

90–101
LEBENDIGES BRAUCHTUM

Überall in Kärnten wird die Tradition hochgehalten. So steht ganz Villach kopf, wenn die Brauchtumswoche gefeiert wird. Aber auch sonst hat Kärntens zweitgrößte Stadt einiges zu bieten.

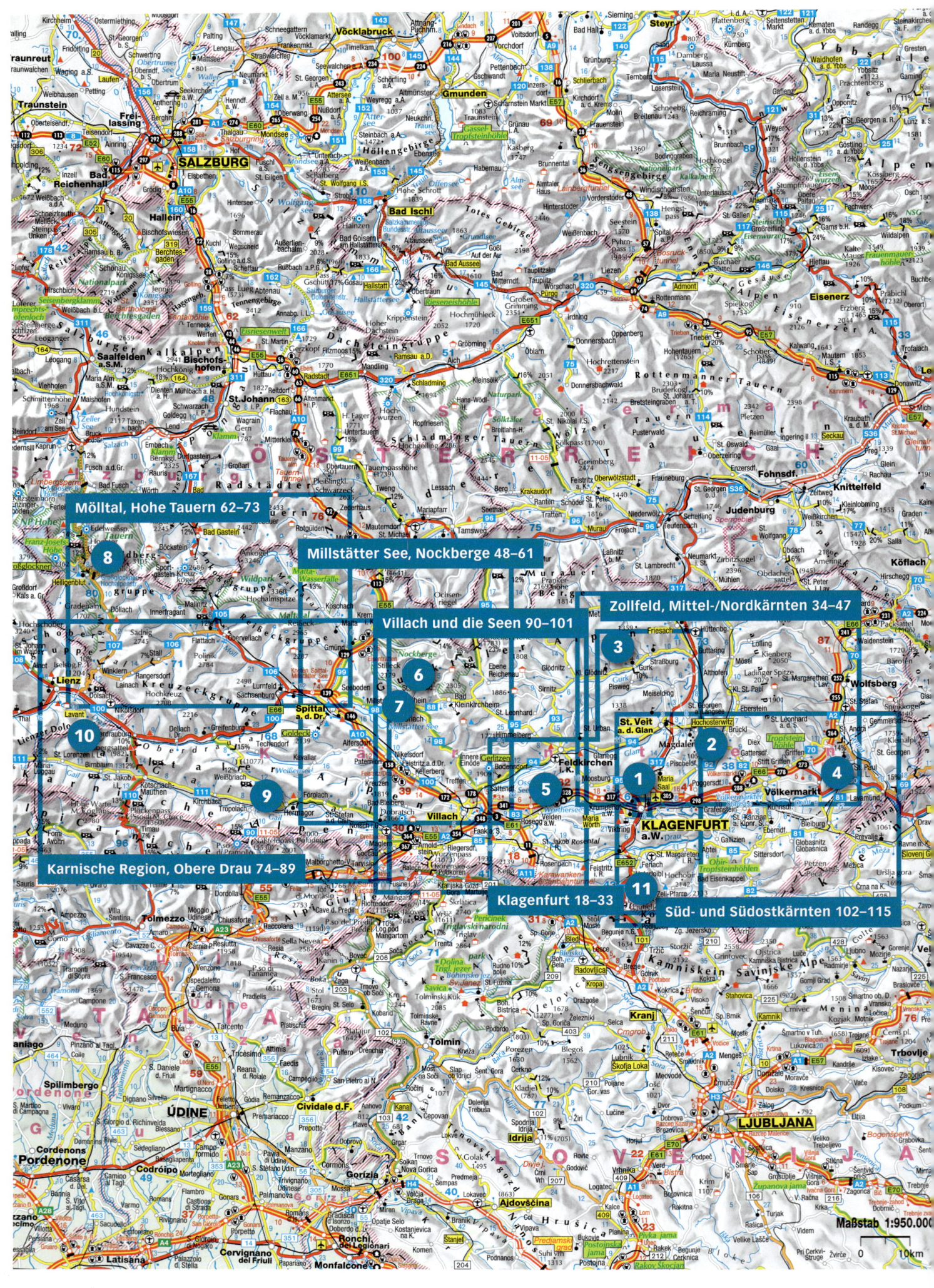

Mölltal, Hohe Tauern 62–73

Millstätter See, Nockberge 48–61

Zollfeld, Mittel-/Nordkärnten 34–47

Villach und die Seen 90–101

Karnische Region, Obere Drau 74–89

Klagenfurt 18–33

Süd- und Südostkärnten 102–115

Maßstab 1:950.000

0   10km

Topziele

Die bedeutendsten Sehenswürdigkeiten in Kärnten sowie (kulinarische) Erlebnisse und Naturattraktionen, die Sie keinesfalls verpassen dürfen, haben wir hier für Sie zusammengestellt. Auf den Infoseiten ist das jeweilige Highlight als ▸TOPZIEL gekennzeichnet.

KULTUR

1 Klagenfurt
Unzählige Events, Kultur und eine gute Portion südliches Flair prägen die „Rose vom Wörthersee".
Seite 31

2 Hochosterwitz
Die „Mutter aller Burgen" Österreichs inspirierte schon Walt Disney zu seinen Zeichentrickschlössern.
Seite 45

3 Dom zur Gurk
Das kunsthistorische Juwel im einsamen Tal wäre im 19. Jahrhundert beinahe der Vergessenheit anheimgefallen.
Seite 46

4 Stift St. Paul
Rembrandt, Rubens, Gutenberg – kaum ein Künstler des Spätmittelalters und der Renaissance ist hier nicht vertreten.
Seite 115

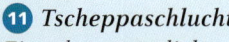

ERLEBEN & GENIESSEN

5 Wörthersee
Die Wiege des Kärntner Tourismus lockt mit Highlife, Badefreuden und einer spektakulären Aussichtswarte.
Seite 32

6 Nockberge
Die Nockberge werden vor allem mit unberührter Natur assoziiert – ob Sie in dieser aktiv oder passiv entspannen, bleibt Ihnen überlassen.
Seite 60

7 Millstätter See
Grandiose Ausblicke, Kunst und Kultur sowie Freizeitspaß und Erholung in Hülle und Fülle – all das garantiert die Region rund um den Millstätter See.
Seite 60

8 Großglockner-Hochalpenstraße
Panoramablicke für Himmelsstürmer – an der Route zwischen Heiligenblut und Bruck reihen sich die Aussichtspunkte wie Perlen an einer Schnur aneinander.
Seite 73

9 Gailtal
Die Gailtaler Schmankerl werden mit eigenen Festen ausreichend gewürdigt und dabei zahlreich verspeist.
Seite 87

NATUR

10 Lesachtal
Intakte Natur und unverfälschtes Brauchtum machen das Lesachtal zu einem der schönsten Täler der Ostalpen.
Seite 88

11 Tscheppaschlucht
Eine der urtümlichsten Wildwasserlandschaften Österreichs.
Seite 113

LAND DER SEEN

Kärnten ist auch ein Land der Seen: blaue Farbtupfer im üppigen Grün, von hohen Bergen umgeben, und über allem das weite Himmelszelt. Zweifelsohne der bekannteste und zugleich der größte ist der Wörthersee, dessen Ufer auch als „Österreichs Riviera" bekannt ist. Früher fest in der Hand von Jetset und Geldadel, Königen und Fürsten, Berühmtheiten und solchen, die es gerne gewesen wären, haben ihm Werbestrategen in letzter Zeit erfolgreich ein modernes Lifestyle-Image verpasst. Und so finden auch immer mehr junge, sportive Menschen den Weg zur „Wiege des Kärntner Tourismus".

EIN STÜCK ITALIEN

„Rose vom Wörthersee" wird Klagenfurt, die südlichste österreichische Landeshauptstadt, auch genannt. Mittelpunkt des städtischen Lebens ist der lang gestreckte Alte Platz mit seinen hübschen Barock- und Jugendstilfassaden, den Arkaden und der Dreifaltigkeitssäule. Und auch sonst hat sich der historische Kern Klagenfurts, ein herrliches Ensemble aus verwinkelten Gassen, fein herausgeputzt. Kein Wunder, dass sich die im Sommer herbeiströmenden Besucherscharen fast schon südlich der Alpen wähnen.

ERHOLUNG AN BERG UND SEE

Der besonders an seinem Südufer nahezu unverbaute Millstätter See ist ein Naturparadies für Spaziergänger und Radfahrer. Auch Angler wissen das Idyll zu schätzen – der tiefste und wasserreichste See Kärntens ist zudem sehr sauerstoffreich, weshalb Fische hier besonders prächtig gedeihen.

KULTUR UND BRAUCHTUM

*Kulturell hat Kärnten einiges zu bieten. Bei zahlreichen Darbietungen wird oft auch das Erbe des Kärntner Brauchtums
gepflegt. So etwa bei den Konzerten des bis weit über die Landesgrenzen hinaus bekannten „Carinthia Chor Millstatt",
der seine Wurzeln in der Pflege des traditionellen Kärntnerlieds hat. Herrliche Veranstaltungsorte wie der stimmungsvoll
illuminierte Stiftshof von Millstatt bilden hierbei einen festlichen Rahmen.*

AM DACH VON ÖSTERREICH

Schon „Franzl" und seine „Sisi" fanden an dem berühmten Aussichtspunkt in den Hohen Tauern Gefallen. Tatsächlich genießt man von der Kaiser-Franz-Josefs-Höhe das vielleicht schönste Panorama Kärntens: Tief unten fließt das Eis des Pasterzengletschers, hoch oben thront der eisgepanzerte Großglockner, mit 3798 m der höchste Berg Österreichs.

Stadtkultur am Wasser

Vor allem im Sommer durchströmt eine pulsierende Stimmung Kärntens Landeshauptstadt. Mit Kultur, Lebensfreude und Lifestyle-Events hat sich die Stadt am Wörthersee zu einem Urlaubsort gemausert, an dem keine Langeweile aufkommt. Unzählige Veranstaltungen finden auch an den Ufern des Wörthersees statt, wo die Wiege des Kärntner Tourismus stand und wo Künstler sich inspirieren ließen. Velden, Pörtschach & Co. stehen bis heute für Sonne, See und Spaß.

Wenn es Abend wird, herrscht am Ufer des Wörthersees eine romantische Stimmung.

Klagenfurter Altstadtimpressionen: Bierhaus Zum Augustin mit Biergarten im historischen Arkadenhof (oben links), Freiluftcafé am Dr.-Arthur-Lemisch-Platz (oben rechts), Detail vom ältesten Haus der Stadt, dem Haus zur Goldenen Gans (unten links). Rechts: Traditioneller Schuhplattler

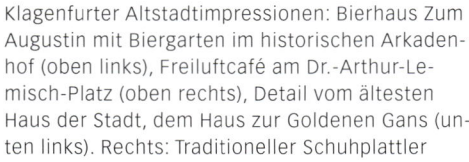

Der prachtvolle Wappensaal im Landhaus Klagenfurt

In der warmen Jahreszeit wimmeln die Straßencafés von Besuchern.

Zweihundertfünfundzwanzig Stufen hat man zu erklimmen, um zur Aussichtsgalerie der Stadthauptpfarrkirche St. Egyd zu gelangen. Die Mühe lohnt sich: zum einen wegen des herrlichen Ausblicks von den Karawanken bis zum Wörthersee, zum anderen bekommt man erst aus der Vogelperspektive einen Eindruck von den Arkadenhöfen, die Klagenfurt dieses charmant-südliche Flair verleihen. Der „italianità" voran ging ein Großbrand, der 1514 die Stadt fast vollkommen dem Erdboden gleich machte.

Vier Jahre später schenkte Kaiser Maximilian Klagenfurt den Landständen (Adel und Prälaten). Sie wollten die Stadt befestigen und als Schutz vor inneren und äußeren Feinden verwenden. Damit war die Erhebung zur Hauptstadt Kärntens verbunden, und die bis dahin wenig bedeutende Siedlung erlebte eine Blütezeit: besonders in architektonischer Hinsicht, denn es waren vorwiegend italienische Baumeister, die der Stadt nun ein völlig neues Gesicht verpassten. Aus Lugano holten die Stadtherren Domenico de Lalio, der die Pläne zum großzügigen Neuaufbau Klagenfurts ausarbeitete. Rund um den Alten Platz, dem Zentrum des alten Klagenfurt, entstanden im 16. und 17. Jahrhundert schicke Stadtpalais mit einem südlichen Einschlag.

BELEBTES ALTSTADT-JUWEL

In Klagenfurts Altstadt fällt es einem nicht schwer, auf Schritt und Tritt die Vergangenheit zu erahnen. Mehr als 50 Arkadenhöfe haben die jetzigen Stadtherren Bewohnern wie Besuchern zugänglich gemacht. Die Bemühungen um die Sanierung und Erhaltung des historischen Stadtkerns wurden bereits mehrfach mit dem prestigeträchtigen Europa-Nostra-Diplom gewürdigt.

Geschäfte und Hotels sind in den Gebäuden rund um den Alten Platz und in den verwinkelten Seitengassen untergekommen. In der warmen Jahreszeit wimmeln die Straßencafés von Besuchern. Kaum ein Wochenende, an dem nicht irgendein Fest über die Bühne geht: entweder mitten in der Stadt oder am Wörthersee, der – das prägt die Lebensqualität in Klagenfurt entscheidend – nur einen Katzensprung entfernt ist. Mit seiner Positionierung als „Event-Hauptstadt" ruft Klagenfurt zwar auch Kulturkritiker auf den Plan, aber man kann entgegenhalten: Klagenfurts Hauptattraktion ist immer noch das schöne städtische Ensemble, und das gibt's das ganze Jahr über zu sehen.

EIN „SYMPHONISCHER" SEE

„Ja, der Wörthersee ist ein jungfräulicher Boden, da fliegen die Melodien, dass man sich hüten muss, keine zu tre-

Die Domkirche St. Peter und Paul, kurz Klagenfurter Dom genannt, ist prunkvoll mit Stuck- und Goldverzierungen sowie zahlreichen Fresken ausgestattet.

Im Geburtshaus von Robert Musil (1880–1942) wurde ein Literaturmuseum eingerichtet, das Ausstellungen zu Musil, zu Ingeborg Bachmann und zu Christine Lavant zeigt.

Auf der Wörtherseebühne sind jetzt nicht mehr Opern, sondern Konzerte angesagt.

Eine Bühne für Literatur

Bei den „Tagen der deutschsprachigen Literatur" lesen Autoren aus ihren Werken vor.

Der Aufschrei war enorm, als bekannt wurde, dass der ORF 2013 den Bachmannpreis das letzte Mal über die Bühne gehen lassen wollte. Den Irritationen folgten Diskussionen und Interventionen.
Resultat: Das prestigeträchtige Kulturevent bekommt eine Gnadenfrist. Die Auszeichnung wurde 1977 im Andenken an die in Klagenfurt geborene Schriftstellerin Ingeborg Bachmann (1926–1973) ins Leben gerufen. Seitdem sind die „Tage der deutschsprachigen Literatur" im Juni ein Pflichttermin für junge deutschsprachige Schriftsteller. Wenngleich manche von einer „Bühne der Eitelkeiten" sprechen, so sehen andere darin eine gute Präsentationsmöglichkeit für junge Talente. Wieder andere finden, der Trip an den Wörthersee sei der „schönste Betriebsausflug der Literatur".
http://bachmannpreis.eu

ten": So schrieb der Komponist Johannes Brahms, der im Jahr 1877 erstmals an den Wörthersee kam und sich so verzaubern ließ, dass er seinen als Durchreise geplanten Aufenthalt auf Schloss Leonstain ordentlich ausdehnte. Auch in den darauffolgenden Jahren kam er zur Sommerfrische nach Pörtschach. Dort „flog" ihm unter anderem seine zweite Symphonie zu, die „Wörthersee-Symphonie" nämlich. Das Ambiente aus türkisblauem Wasser, sanften Hügeln und herrlicher Ruhe inspirierte auch Alban Berg, der in den 1930er-Jahren in seinem Haus bei Velden an seiner Oper „Lulu" arbeitete. Und Gustav Mahler ließ sich oberhalb von Maiernigg ein bescheidenes Häuschen mitten in den Wald bauen und komponierte dort in den ersten Jahren des 20. Jahrhunderts seine Symphonien vier bis acht und auch die berühmten Kindertotenlieder.

ÖSTERREICHS „RIVIERA"

Künstler, blaues Blut und das aufstrebende Bürgertum – sie alle profitierten ab der zweiten Hälfte des 19. Jahrhunderts von der Erschließung der Kärntner Seen durch die Bahn. Die Kunde vom warmen Wunderland im Süden sprach sich rasch herum. Beschauliche Dörfer wuchsen in Windeseile, um für die wachsende Klientel der Sommerfrisch-

Auch die Popkultur wird bei den Wörtherseefestspielen gewürdigt.

Am Neuen Platz bilden Lindwurm und Herkules
ein stimmiges Ensemble.

ler Quartiere zu schaffen. Es wurde ge-kurt, gebadet und Hof gehalten. Archi-tektonischen Niederschlag fand der Jahrhundertwende-Boom in den statt-lichen „Wörthersee"-Villen, die Pört-schach und Velden bis heute den Hauch des Mondänen verleihen. Auf den Spu-ren der Künstler und der untergegange-nen Habsburger-Elite folgten in den 1960er-Jahren Jetset und Geldadel dem

Special   DER LINDWURM

Wappentier

Am Neuen Platz hat das Wahr-zeichen und Wappentier Klagen-furts, der mächtige Lindwurm, sein Domizil.
In grauer Vorzeit soll der geflü-gelte Drache in einem Sumpf, nämlich dort, wo sich später Kla-genfurt ausbreiten sollte, Men-schen und Vieh arg zugesetzt ha-ben. Mit einem Stier, der an einer Kette angebunden war, lockte man das Untier heraus. Der Lind-wurm verbiss sich in das arme Tier und verschluckte dabei einen Widerhaken. So brachten die Lindwurm-Jäger das Ungeheuer zur Strecke. 1583 gaben die Land-stände den Auftrag zur Errich-tung eines Lindwurm-Denkmals. Gehauen wurde er aus einem ein-zigen Block Chlorit-Schiefer vom nahen Kreuzbergl, wobei den Brü-dern Vogelsang der Schädel eines prähistorischen Wollnashorns als Vorbild gedient haben soll. 1636 stellte man dem wasserspeienden Lindwurm den mit einer Keule bewehrten Herkules gegenüber. Doch auch der kann nicht verhin-dern, dass sich heute Spaßvögel manchmal auf den Schwanz des Klagenfurter Wappentiers setzen und ihn schwer beschädigen.

Eine Rundfahrt auf dem Wörthersee ist besonders am Abend ein stimmungsvolles Erlebnis (oben). Romantisch am Ufer des Sees liegt die spätgotische Pfarrkirche von Maria Wörth (unten links). Schloss Velden am Westufer integriert moderne Elemente (unten rechts).

Ein Blick in unbekannte Galaxien? Nein, auf
den schönen See hinaus!

Sommer, Sonne, See: Im Strandbad Velden am Wörthersee genießt man das Leben auf die angenehmste Weise.

„Sehen und gesehen werden" lautet bis heute das Motto, wenn im Sommer der rote Teppich ausgerollt wird.

Ruf an Österreichs „Riviera". Velden am Ostufer des Sees stieg zum Nobelort auf, wo Könige und Fürsten, Schauspieler und Musiker, Reiche und Schöne die Roulette-Tische frequentierten. „Sehen und gesehen werden" lautet bis heute das Motto, wenn im Sommer der rote Teppich für die Wörthersee-„Society" ausgerollt wird.

In den 1990er-Jahren kümmerten sich die Tourismusstrategen um ein moderneres Image. „Lifestyle-Events" sollten und sollen junge, erlebnishungrige Menschen anlocken. So kommt Samba-Stimmung auf, wenn im August das Beachvolleyball-Turnier am Klagenfurter Strandbad beginnt. Ebendort stür-

zen sich zum Auftakt des „Kärnten Ironman"-Triathlons 3000 Extremsportler aus aller Welt in die Fluten des Wörthersees, um ihn dann, angefeuert von Abertausenden Zuschauern, per Rad wie per pedes zu umrunden. Und auch den Fans motorisierter Bewegung wird etwas geboten: das GTI-Treffen in Reifnitz beispielsweise oder das Internationale Sportwagenfestival in Velden und die European Bike Week am Faaker See. Zwar fließen die Sponsorengelder mit der Schuldenkrise spärlicher, doch Oldtimer-Paraden, Konzerte, Feste, Sportveranstaltungen und vieles mehr sorgen dafür, dass an Kärntens größtem See immer etwas los ist.

Kärntens neue Kleider

Milliardendesaster um die Kärntner Hypo, Korruptionsaffären und Schuldenkrise: Nach dem Unfalltod von Landeshauptmann Haider 2008 blieb in Kärnten kein Stein auf dem anderen. Nun stehen die Weichen auf Neubeginn.

Die Bestürzung über Jörg Haiders Unfalltod war groß in Kärnten.

Der 11. Oktober 2008: Mit über 140 km/h braust südlich von Klagenfurt eine Limousine durch die Nacht, kommt nach einem Überholmanöver von der nebeligen Landstraße ab und zerschellt. Der einzige Insasse des VW Phaeton ist tot. Es ist Kärntens Landeshauptmann Jörg Haider – jener Politiker, der seit 1986 als Chef der Freiheitlichen Partei (FPÖ) Österreichs Zweiparteiensystem aufgebrochen und von Wahlsieg zu Wahlsieg geeilt war. Und der 2005 das Bündnis Zukunft Österreich (BZÖ) gegründet hatte, eine neue Partei, mit der er wieder die Bühne der Landespolitik betreten wollte. Die Nachricht versetzte Kärnten in Schockstarre. Auch wegen der bizarren Details, die durchsickerten: Etwa dass Haider zuvor in einer Schwulenbar in Klagenfurt gefeiert hatte und schwer betrunken ins Auto gestiegen war.

EIN JÖRG FÜRS VOLK

Mit etwas Abstand zeigt sich, dass nicht nur Haider ein Doppelleben geführt hatte, sondern quasi das ganze Land. 1991 hatte der Oberösterreicher erstmals den Landeshauptmann-Sessel in Kärnten erobert, bevor er zwei Jahre später über sein Lob für die „Beschäftigungspolitik im Dritten Reich" stürzte. 1999 wählten ihn die Kärntner erneut, und ein Jahr später zog seine weit rechts stehende FPÖ sogar erstmals in die Bundesregierung ein. Charisma, Volksnähe – es hieß, Haider habe jedem Kärntner min-

Bauwerke, die Prestige ausdrücken sollten: die Hypo Group Arena (Wörtherseestadion) und die Zentrale der Hypo Group Alpe Adria Bank

destens einmal die Hand geschüttelt – und eine „Brot und Spiele"-Politik bescherten ihm in Kärnten besonders hohe Sympathiewerte. Unter dem Titel „Inflationsausgleich" bekamen die Senioren 100 Euro auf die Hand, für die Jugend ließ Haider einen „Start-Tausender" springen, für Autofahrer seine Orient-Kontakte spielen, um an „Haider-Tankstellen" billigen Treibstoff anzubieten. Das kam an und ließ so manchen vergessen, tolerieren oder sogar gutheißen, welche politische Haltung hinter der lächelnden Fassade steckte.

Weitere Millionen flossen für „Spiele", vornehmlich Sport- und Musikveranstaltungen, die Kärntens Image als „Event-Hochburg" prägen sollten. Die Wörtherseebühne mit den Wörtherseefestspielen – in Anlehnung an Salzburg und Bregenz schienen auch für Kärnten Sommerfestspiele opportun – erwies sich allerdings als finanzielles Debakel. Kostenmäßig getoppt wurde das Projekt noch vom Bau des 30 000 Sitze umfassenden Klagenfurter Fußballstadion anlässlich der Fußball-EM 2008. Es steht heute praktisch leer, denn der SK Austria Kärnten schlitterte 2010 in den Konkurs.

FINANZSKANDAL

Woher das Geld stammte? Familiensilber wurde verscherbelt, und einiges davon stellte die bis 2007 landeseigene Hypo Alpe Adria Bank mehr oder weniger freiwillig zur Verfügung. Und um diese Bank entwickelte sich auch ein regelrechter Polit-Thriller. Ihre Manager hatten einen aggressiven Expansionskurs in Südosteuropa gesteuert, der ebenso daneben ging wie riskante Spekulationsgeschäfte. 2007 stießen die Kärntner ihre Anteile an die Bayrische Landesbank (BayernLB) ab, gerade noch rechtzeitig. Für die BayernLB wurde der Deal hingegen zum Milliardendebakel. Im Zuge der weltweiten Finanzkrise geriet die ehemalige Landesbank ins Trudeln und musste Ende 2009 von der Republik Österreich notverstaatlicht werden. Seither sind Wien und auch die Bayern auf Haiders politische Erben schlecht zu sprechen. Die deutsche Justiz mutmaßt, beim Banken-Deal sei die marode Braut „schöngemacht" worden, und zudem hätten Mittelsmänner Insider-Geschäfte abgewickelt. Milliarden-Schadenersatzforderungen stehen im Raum. Die Aufarbeitung des teuersten Finanzskandals in der Geschichte Österreichs beschäftigt die Gerichte und die EU-Kommission seit Jahren – Ende offen. Stellvertretend für das kritische Kärnten meinte Weltstar Udo Jürgens zu den Enthüllungen: „Es ist furchtbar. Man muss sich bei Österreich dafür entschuldigen, was in diesem Land geschehen ist".

QUO VADIS, KÄRNTEN?

Ein Kassensturz ergab, dass das Land mit 4,8 Milliarden Euro weitaus höher verschuldet ist als angenommen. Ein beinharter Sparkurs ist die Folge. Förderungen und soziale Leistungen stehen auf dem Prüfstand, für Prestige-Projekte wie die Wörtherseebühne wurde der Geldhahn endgültig zugedreht. Der wirtschaftliche Neuanfang fällt schwer, ist aber unausweichlich. Etwas erinnert der Fall Kärnten an das Märchen von des Kaisers neuen Kleidern: Jeder hat es gesehen, aber niemand hat sich getraut, es auszusprechen – dass Kärnten nackt dasteht. Die Kärntner müssen sich auf harte Jahre gefasst machen und kratzendes Gewand.

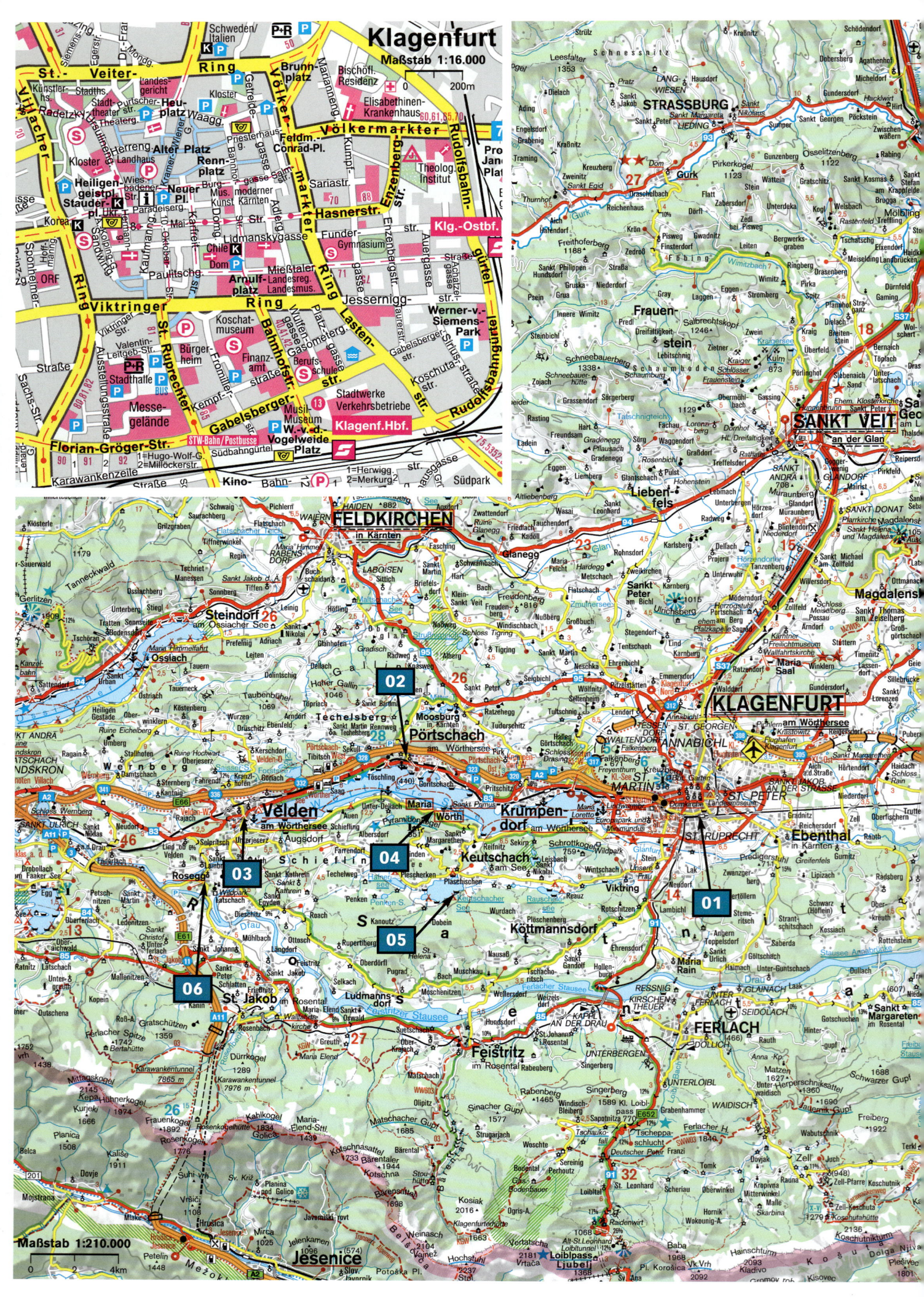

Infos

Südliches Flair, ländlicher Charme

In Klagenfurt vermitteln Palmen, Straßencafés und verwinkelte Gassen ein Gefühl vom Süden – schließlich ist Italien nicht weit. Wer aber das städtische Zentrum verlässt, findet die ländliche Ruhe einer Region vor, die auch die Alpen in Reichweite hat.

01 KLAGENFURT

Klagenfurt (92 000 Einw.) ▶TOPZIEL wurde um 1250 vom Spanheimer-Herzog Bernhard gegründet. 1518 schenkte Kaiser Maximilian I. die von einem Großbrand zerstörte Stadt den Landständen. Klagenfurt löste St. Veit als Hauptstadt ab und erlebte eine Blütezeit. Die Entwicklung zur modernen Stadt in der zweiten Hälfte des 19. Jh. verdankt Klagenfurt auch dem Anschluss an die Eisenbahn (1863).

Sehenswert

Der gepflegte historische Kern bildet ein Ensemble aus schmalen Gassen, prachtvollen Palais, lauschigen Arkaden-Innenhöfen (50 sind öffentlich zugänglich) und schönen Plätzen. Der **Neue Platz** mit Lindwurm-Brunnen, Maria-Theresia-Denkmal und Rathaus (ehemaliges Palais Rosenberg) ist das geografische Zentrum der Innenstadt. Am Dr.-Arthur-Lemisch-Platz mit dem Denkmal des Stadtgründers Herzog Bernhard und dem Denkmal des „Wörtherseemandl" beginnt die älteste Fußgängerzone Österreichs (1961). Der lang gestreckte **Alte Platz** ist Mittelpunkt des städtischen Lebens. Sehenswert sind neben den Arkadenhöfen die Barock- bzw. Jugendstilfassaden. Wer sich einen Überblick verschaffen will, vertieft sich in das Stadtmodell oder steigt zur Aussichtsgalerie der Kirche **St. Egid** (April–Anfang Okt. Mo. bis Fr. 10–17.30, Sa. 10–12.30 Uhr) empor. Vom westlichen Ende des Alten Platzes gelangt man zum **Landhaus**, dem Ende des 16. Jh. im Auftrag der Stände errichteten Sitz des Parla-

Tipp

Themenwanderungen

Mit den Broschüren der Tourismusbehörde (Download unter www.info.klagenfurt.at) kann man Klagenfurt auf eigene Faust erkunden. Am Neuen Platz beginnt z. B. das „Altstadtwandern". 24 Schlösser werden beim „Schlosswandern" vorgestellt. Attraktive Ziele in der Umgebung erschließt das „Radwandern" (Rad-Verleih am Rathaus). Freitags und samstags gibt es um 10 Uhr kostenlose Altstadtführungen.

ments. Highlight in dem von Antonio Verda verwirklichten Renaissancebau ist der Große Wappensaal (April–Okt., Mo.-Fr. 9–16 Uhr, Sa und Fei 9–14 Uhr). Decken- und Wandgemälde sowie der Großteil der 665 Wappen der Kärntner Landstände (geistliche und weltliche Grundherren) stammen von Kärntens bekanntestem Barockmaler Josef Ferdinand Fromiller (1693 bis 1760). Weitere 300 Embleme zieren den Kleinen Wappensaal. An sakraler Kunst sind neben St. Egid die Domkirche **St. Peter und Paul** mit ihrer hochbarocken Ausstattung bemerkenswert.

Weitere Sehenswürdigkeiten beherbergt der **Europapark** am Stadtrand. Am zugkräftigsten ist **Minimundus**: Die „kleine Welt am Wörthersee" vereint mehr als 150 detailgetreue Modelle berühmter Bauwerke der Welt im Maßstab 1:25 (Ende März, April, Okt. tgl. 9–18 Uhr, Mai, Juni, Sept. tgl. 9–19 Uhr, Juli & Aug. tgl. 9–20, Mo. bis 22, Mi. bis 23 Uhr, ab 2015 ist ein Ganzjahresbetrieb geplant; Villacher Straße 241, Tel. 0463/211940, www.minimundus.at). Gleich daneben: das **Planetarium**, Juli/Aug. tgl. 11–17 Uhr, Rest des Jahres kürzer, Tel. 0463/21700) und der **Reptilienzoo Happ** (tgl. 8–18 Uhr, im Winter kürzer, Nov. geschl., Tel. 0463/23425).

Weiter geht es zum Wörthersee mit dem Klagenfurter **Strandbad** von 1927 und der **Wörtherseebühne**. Für die Fußball-Europameisterschaft 2008 für 70 Mio. Euro errichtet wurde das **Wörtherseestadion** (Hypo Group Arena, www.sportpark-klagenfurt.at). 2 km weiter findet sich im ehemaligen Zisterzienserstift **Viktring** eine romanische Kirche nach burgundischem Vorbild, das einzige Beispiel dieser Art östlich des Rheins (u. a. gotische Fresken und Glasmalereien). Am nordwestlichen Stadtrand liegt das **Kreuzbergl** mit Botanischem Garten und Bergbaumuseum (April–Ende Okt. tgl. 9–18 Uhr, Prof. Dr. Kahler-Platz 1, Tel. 0463/5375230).

Museen

Das Haupthaus des **Landesmuseums**, das Rudolfinum, wird derzeit generalsaniert. Bis etwa 2016 lagern die Prunkstücke der Schausammlung wie das Dionysos-Mosaik aus Virunum oder die Tafelbilder des Thomas von Villach im Depot, es finden aber Sonderausstellungen, Veranstaltungen sowie Führungen statt (Museumgasse 2, Informationen unter Tel. 050/53630552 sowie www.landesmuseum.ktn.gv.at). Dem Schaffen zeitgenössischer Künstler und Künstlerinnen widmen sich das **Museum moderner Kunst** (Burggasse 8, Di.–So. 10–18, Do. bis 20 Uhr) und die Stadtgalerie. Das **Literaturmuseum** im Geburtshaus von Robert Musil gegenüber dem Hauptbahnhof verwaltet den Nachlass des Schriftstellers (1880–1942) und geht den Klagenfurter Spuren der Schriftstellerinnen Ingeborg Bachmann und Christine La-

„Kleine Welt am Wörthersee": Minimundus

vant nach (Mo.–Fr. 10–17 Uhr, Tel. 0463/501429, www.musilmuseum.at). Das **Koschat-Museum** pflegt die Erinnerung an den Kärntner „Liederfürsten" Thomas Koschat (Mitte Mai–Anfang Okt. Di.–Do. 10–12 Uhr, Viktringer Ring 17, Tel. 0676/7701941). In Schloss Ehrental im Norden der Stadt ist das **Landwirtschaftsmuseum** (Mai, Juni, Sep., Okt. Di. bis Do.10–16 Uhr; Juli, Aug. So., Di.–Do. 10–16 Uhr, Ehrentaler Straße 119, Tel. 0463/43540) zu Hause.

Shopping

Schmankerl und Bioprodukte findet man auf dem Markt am Benediktinerplatz. Das Angebot ist donnerstags und freitags besonders verlockend.

Veranstaltungen

Der Betrieb der **Wörtherseebühne** (Metnitzstrand) wird ab 2014 nach Ende der Landessubventionierung möglicherweise eingestellt. Fitness ist gefragt beim Triathlon **Kärnten Ironman Austria** Anfang Juli und beim internationalen **Beachvolleyball-Turnier** (Sommer). Gaukler, Musikanten und andere Künstler bevölkern Ende August das historische Zentrum zum **Altstadt-Zauber**. Dort finden häufig auch Brauchtumsveranstaltungen statt. Übersichtlich und aktuell aufgelistet ist der Veranstaltungs-Reigen (in ganz Kärnten) auf der Website www.kaernten.at/de/event/.

Unterkunft

(Klassifizierung der Preiskategorien € siehe Serviceteil am Ende des Heftes.)
Das €€/€€€ **ARCOTEL Moser Verdino** (Domgasse 2, Tel. 0463/57878, www.arcotelhotels.

Infos

com/de/moser_verdino_hotel_klagenfurt/) ist ein gutes Mittelklassehotel im Zentrum. Camper finden direkt am Wörthersee eine attraktive Anlage (**Camping Strandbad Klagenfurt**, Metnitzstrand 5, Tel. 0463/287810).

Restaurant/Café
Gutbürgerlich wird im populären €/€€ **Bierhaus Zum Augustin** aufgekocht (Pfarrhofgasse 2, Tel. 0463/513992). Kaffeehauskultur und internationale Presse bietet das **Café Sandwirth** (Pernhartgasse 9, Tel. 0463/56209).

Information
Klagenfurt Tourismus, Rathaus, Neuer Platz 1, A-9010 Klagenfurt, Tel. 0463/5372223, Fax 0463/5376218, www.klagenfurt-tourismus.at.

02 PÖRTSCHACH

Der von eiszeitlichen Gletschern geformte **Wörthersee** ▶TOPZIEL ist 16,4 km lang und mit 19,4 km² Fläche der größte See Kärntens.

Tipp

Ein neues Wahrzeichen
Er gilt als ein neues Wahrzeichen Kärntens: Der 100 Meter hohe Aussichtsturm auf dem Pyramidenkogel bei Keutschach. Er ist doppelt so hoch wie der Vorgängerbau, punktet mit spektakulärer Holzarchitektur und ist mit einer integrierten Rutsche versehen, die einen über 52 Höhenmeter zurück auf den sicheren Boden befördert. Einen schöneren Ausblick auf den Wörthersee hat man nirgends. Im Süden zeichnen sich die grauweißen Kalkkare der Karawanken am Horizont ab. Der Blick schweift vom Dobratsch im Westen über die Gurktaler Alpen im Norden bis zu den Ausläufern der Koralpe im Osten Kärntens. Mit dem Auto gelangt man vom Keutschacher See auf den Pyramidenkogel, per pedes z. B. in einer 90-minütigen Wanderung von Maria Wörth. www.pyramidenkogel.info

Die Bezeichnung Wörthersee lässt sich zurückführen auf seine Inseln („Werd": mittelhochdeutsch für Insel). Sein angenehmes Klima (Badetemperaturen bis zu 26 °C), seine Lage in idyllischer Wald- und Hügellandschaft, seine vielen Seebäder und das Freizeitangebot machen den Wörthersee zur touristischen Hauptattraktion Kärntens. Ein dichter Veranstaltungskalender, quirliges Nachtleben, gediegene Hotellerie und Gastronomie sowie Sportmöglichkeiten von Tennis bis Parasailing machen von Mai bis September auch die am Nordufer gelegene „In-Gemeinde" Pörtschach (2700 Einw.) attraktiv für Erlebnishungrige.

Sehenswert
Das Ortsbild prägen Villen und Hotels aus der Gründerzeit (um 1900). In die Repräsentativbauten flossen unterschiedlichste Elemente ein. Als gutes Beispiel der „Wörthersee-Architektur" gilt auch Kärntens hölzerne Badeanlage der Jahrhundertwende: das **Werzer-Bad**, das seit 2013 nach einer Komplettrenovierung in neuem Fin de siècle-Glanz erstrahlt. Das romantische Ambiente des **Renaissanceschlösschens Leonstain** (heute Hotel und Restaurant, www.leonstain.at) beherbergte 1877 Johannes Brahms. Sehenswert ist der Innenhof (16. Jh.). Das hügelige Hinterland lädt zu Wanderungen ein.

Restaurant
Kärntnerisch-mediterran isst man im €/€€ **Gasthof Joainig** (Kochwirtplatz 4, Tel. 04272/2319, www.joainig.com).

Information
Wörthersee-Tourismus, Villacher Straße 19, A-9220 Velden, Tel. 04274/38288, Fax 04274/3828819, www.woerthersee.com. Pörtschach-Tourismus, Hauptstraße 153, A-9210 Pörtschach, Tel. 04272/2354, Fax 04272/3770, www.poertschach.at.

03 VELDEN

Die Marktgemeinde (8500 Einw.) an der malerischen Westbucht des Wörthersees bildet mit Casino, feudalen Hotels und feinen Restaurants das Zentrum der „Wörthersee-Society". Geschäftigkeit und Atmosphäre erinnern an Rimini oder St. Tropez. Man legt Wert auf Stil und Exklusivität, veranstaltet viele „Events".

Sehenswert
Das Wahrzeichen der Gemeinde ist **Schloss Velden**, das Freiherr Bartholomäus Khevenhüller Ende des 16. Jh. errichten ließ. Ende des 19. Jh. wurde das Renaissanceschloss zum Nobelhotel umgebaut. Nach Schließung des Hotelbetriebs (1989) und einem Intermezzo als Schauplatz für die TV-Serie „Ein Schloss am Wörthersee" (1990–92) erfolgte die Revitalisierung als Kärntens luxuriöseste Herberge (www.falkensteiner.com/de/hotel/schloss-hotel-velden).

Aktivitäten
Das **Casino Velden** gibt es seit 1950. Ob der Seeblick auch für Pech im Spiel entschädigt? (tgl., Am Corso 17, Tel. 04274/206420102.)

Veranstaltungen
Die **Klangwelle** (Soundshow mit Lichteffekten) erschallt mittwochs, freitags und sonntags um 22 Uhr in der Veldener Bucht (Ende Mai–Mitte Sept.). Luxusschlitten sind beim **Internationalen Sportwagen-Festival** Ende Juni zu bewundern, einige Wochen darauf schwelgt man beim **Oldtimer-Treffen** in teurer Nostalgie.

Unterkunft
Günstig kommen Gäste im €€ **Barry Memle** unter (Klagenfurter Straße 26, Tel. 0664/1442835, www.barry.at).

Restaurant
Seine kulinarische Umsetzung erfährt das mediterrane Flair am Wörthersee im Restaurant-Bistro €€ **Aqua** (Am Seecorso 3, Tel. 04274/51771, www.aqua-velden.at).

Information
siehe Wörthersee-Tourismus bei Pörtschach.

04 MARIA WÖRTH

Blickfang des Südufers ist die Halbinsel von Maria Wörth mit ihren malerischen Kirchen. Ende des 9. Jh. starteten hier Missionare ihre Bemühungen zur Christianisierung der Slawen und bauten ein wehrhaftes Gotteshaus.

Sehenswert
Zur **Pfarrkirche**, die in ihrer jetzigen Gestalt spätgotisch ist, steigt man über eine schindelgedeckte Treppe empor. Ihr größter Schatz ist eine Madonna mit Kind (um 1460 geschnitzt). Sehenswert ist auch die romanische Krypta. Weiter unten liegt die Winter- bzw. Rosenkranzkirche mit romanischem Freskenzyklus.

Umgebung
Eine dichtere touristische Infrastruktur bietet der ca. 2 km östlich gelegene Badeort **Reifnitz**, wo im Mai das GTI-Treffen über die Bühne geht, sonst aber Ruhe herrscht. Auffälligster Bau ist das Ende des 19. Jh. errichtete Schloss Reifnitz. Weitere 2 km östlich verbringen die Wiener Sängerknaben traditionell den Sommer in

Sekirn, während in **Maiernigg**, rund 7 km östlich von Maria Wörth das Komponierhäuschen Gustav Mahlers von Anfang des 20. Jh. zu besichtigen ist (Mai–Ende Okt. tgl. 10–16 Uhr).

Information
Tourismusinformation Maria Wörth/Reifnitz, Seepromenade 5, A-9082 Maria Wörth, Tel. 04273/22400, www.maria-woerth.at.

05 KEUTSCHACHER SEENTAL

Vom Wörthersee durch einen bewaldeten Höhenzug getrennt, schließt sich im Süden das Keutschacher Seental an. Der Keutschacher See ist Kärntens FKK-Paradies und zählt mit dem Hafner- und dem Rauscheleesee zu den wärmsten „Badewannen" des Landes.

Aktivitäten
Naturliebhaber können auf dem **Natura Trail** (Hafnersee bis Schiefling) durch Moore und Feuchtwiesen wandern. Der **Zauberwald** am Rauscheleesee ist toll für Kinder.

Unterkunft
Zu empfehlen ist **FKK Camping Müllerhof** (Mai–Okt., Keutschach am See, Dobein 10, Tel. 04273/2517, www.fkk-camping.at).

Information
4-Seental Keutschach Information, Keutschach am See 1, A-9074 Keutschach am See, Tel. 04273/24500, www.keutschach.at.

06 ROSEGG

In der Drauschleife bei Rosegg, südlich von Velden, befand sich zwischen 900 und 350 v. Chr. ein Zentrum des eisenzeitlichen Europa.

Sehenswert
Aus einem Hügelgräberfeld bei Frög haben Archäologen Waffen, Werkzeug und Kunstgegenstände zutage gefördert. Ausgestellt sind sie im Museum der **Keltenwelt Frög**. (Juli u. Aug. tgl. 10–18 Uhr; April/Mai/Juni/Sept./Okt., Di. bis So. kürzer, Tel. 0676/842350205, www.kelten welt.at). In Kärntens größtem **Tierpark Rosegg** (April–Okt., 9–18 Uhr, Tel. 04274/52357, www.rosegg.at) streifen Hirsche, Luchse und Wölfe in Freigehegen umher. Zwischen Tierpark und Schloss kann man sich in einem Labyrinth aus 3000 Hainbuchen verirren.

Information
Tourismusverband Rosegg, Schloss Rosegg 1, A-9232 Rosegg, Tel. 04274/3009, www.rosegg.gv.at

DuMont Aktiv

Mal Sightseeing, mal kreuzen

Zum Shopping nach Velden? Auf einen Sprung nach Maria Wörth? Oder einfach nur Seeluft schnuppern? Wer mit einem Ausflugsschiff über Kärntens Paradesee gleitet, bekommt alles geboten.

Über 16,4 km erstreckt sich der Wörthersee von Klagenfurt bis nach Velden. Diese Distanz lässt sich mit der Bahn oder dem Auto zwar schneller bewältigen, aber natürlich bei Weitem nicht so stilvoll wie mit den Ausflugsschiffen der Wörthersee-Flotte. Von Mitte April bis Ende Oktober knüpfen sie ein dichtes Netz zwischen den Seegemeinden.

Der Fahrplan ermöglicht einerseits einen intensiven Sightseeing-Tag. Eine Besichtigung der Wallfahrtskirche in Maria Wörth lässt sich, wenn man gut zu Fuß ist, mit dem Postkartenblick vom Pyramidenkogel verbinden. Und schon legt die *DS Thalia* an, das 1909 in Dresden gebaute Flaggschiff der Mini-Flotte, um die „Sightseer" quer über den türkis schillernden Seespiegel zu Kaffee und Kuchen nach Pörtschach zu befördern.

Die DS Thalia am Anleger Klagenfurt

AUSBLICKE, EINDRÜCKE
Genauso reizvoll ist es, die wechselnden Panoramen jenseits des See-Ufers und die verschiedenen Stimmungen des Wassers – mal lau und lieblich, mal gekräuselt und abgründig – vom Oberdeck aus zu genießen. Der Bordkommentar spannt einen Bogen von der Wörthersee-Architektur bis zur Prominenz von einst und jetzt. Mitunter lässt sich ein Blick auf die versteckten Luxus-Domizile der High Society erhaschen. Dass die Flicks, Hortens und Co. mit dem privaten Motorboot über den See schippern, macht einen gar nicht neidisch.

WEITERE INFORMATIONEN

Die **Ausflugsschiffe** fahren von Mitte April bis Ende Oktober. Mit einem Tagesticket sind beliebig viele Stopps in einer Richtung möglich. Die Fahrt von Klagenfurt nach Velden dauert etwa 1,5 Stunden. Es gibt auch **Erlebnisfahrten** zu verschiedenen Themen.

Detailliertere Informationen zu den Schiffen, Preisen und Strecken gibt es bei:
Wörthersee Schifffahrt GmbH, Friedelstrand 3, A-9020 Klagenfurt, Tel. 0463/21155

www.woertherseeschifffahrt.at

Die Wiege Kärntens

Wie ein Brennglas bündelt das Zollfeld die Geschichte Kärntens: Kelten, Römer, Slawen, Missionare und die Herzöge des Mittelalters – sie alle drückten dem Land zwischen Klagenfurt und St. Veit ihren Stempel auf. Geschichtsträchtig ist auch die Region nördlich von St. Veit, wo eine mehr als 2000 Jahre lange Ära des Eisenerzabbaus zu Ende ging. Der einstige Metall-Reichtum der Berge floss in den Bau von Burgen und Kirchen wie den prächtigen Gurker Dom, die heute zu den kunsthistorischen Preziosen des Landes zählen.

Recycling am Bau: Für die Fassade der idyllisch gelegenen Wallfahrtskirche Maria Saal wurden zahlreiche Römersteine verwendet.

Ein heißer Tipp für warme Sommertage: das Erlebnisfreibad Sankt Georgen am Längsee

Der mächtige gotische Turm der Pfarrkirche Hl. Thomas von Canterbury prägt das Antlitz des hübsch herausgeputzten historischen Ortskerns von Althofen.

Schon dank ihrer Lage war die Burg Hochosterwitz kaum einzunehmen – die Befestigung tat ihr Übriges.

K aum eine Metropole der Antike hinterließ weniger Spuren als Virunum. Die im 1. Jahrhundert n. Chr. aus dem Zollfeld gestampfte Hauptstadt der römischen Provinz Noricum beherrschte eine Region, die etwa halb so groß war wie das heutige Österreich. In den Wirren der Völkerwanderung im 6. Jahrhundert wurde Virunum aufgegeben. Die Stadt, in der einst 30 000 Menschen gelebt hatten, verschwand von der Erdoberfläche, als ob sie nie existiert hätte. Aber nicht ganz: Aufmerksame Besucher stoßen von Klagenfurt bis St. Veit immer wieder auf Römersteine mit verwitterten Inschriften. Meist wurden sie in Kirchenfassaden eingefügt, manchmal, wie beim Herzogstuhl, zu neuen Denkmälern zusammengesetzt.

DIE „MUTTER ALLER BURGEN"

Sogar Walt Disney soll sie zu seinen Zeichentrick-Schlössern inspiriert haben: Hochosterwitz, die „Mutter aller Burgen" Österreichs. Stolz blickt die Festung von einem Kalkklotz östlich von St. Veit über das Land und signalisiert mit all ihren Kastellen, Zinnen, Wehrtoren und Mauern: „Belagerer, lasset alle Hoffnung fahren." Gerichtet war diese Botschaft vor allem an die Türken, die im 15. Jahrhundert mehrmals in Kärnten einfielen.

Sogar Walt Disney soll sie zu seinen Zeichentrick-Schlössern inspiriert haben.

„Auf eigene Rechnung" ließ die Adelsfamilie Khevenhüller den Felsen 1571 bis 1586 zur unbezwingbaren Festung ausbauen. Bis heute sind sie im Besitz der Burg. Und im Sommer fertigt Meister Schmidberger in der alten Schmiede wie einst Schwerter und Rüstungen.

MITTELALTERJUWEL FRIESACH

Friesachs geschlossenes mittelalterliches Erscheinungsbild schlägt eine Brücke in längst vergangene Zeiten. Der

In der Burgenstadt Friesach steht das Mittelalter hoch im Kurs: Im Zentrum erhebt sich die Pfarrkirche St. Bartholomäus aus dem 12. Jahrhundert, beim „Spectaculum" marschieren Rittersleut auf und die Rupertikapelle im Stadtmuseum zeigt alte Kunstschätze (von oben nach rechts unten).

Blickfang auf dem Friesacher Hauptplatz ist der herrliche achteckige Renaissancebrunnen.

Kultur macht hungrig und durstig – zünftige Buschenschänken kommen da wie gerufen.

Schon im 3. Jahrhundert v. Chr. verhütteten keltische Siedler auf dem Magdalensberg Eisen. Abseits der archäologischen Ausgrabungsstätte präsentiert sich der geschichtsträchtige Ort aber auch im Gewand idyllischer Bergromantik.

Das verhüttete, stahlähnliche Eisen wurde zum Exportschlager und rüstete ganze Armeen aus.

wasserführende Graben und eine 11 m hohe Mauer schirmen Kärntens älteste Stadt auch heute noch fast vollständig ab. Erstmals als „civitas", also als Stadt erwähnt, wurde Friesach bereits im Jahr 1215. In ihrer Blütezeit im 13. Jahrhundert stand die durch Handel und Bodenschätze reich gewordene Stadt Wien kaum an Bedeutung nach und gab mit dem Friesacher Pfennig sogar eine eigene Währung heraus. Heute macht die Stadt mit einem ungewöhnlichen Projekt von sich reden: dem Bau einer mittelalterlichen Burg, mit der Technik und den Mitteln von anno dazumal. Geplante Fertigstellung der 4000 m² großen Anlage: Um 2040.

Friesachs Wohlstand basierte auf Handel und den reichen Metallvorkommen der Umgebung. Schon Kelten und Römer bauten in Nordkärnten das Erz ab, das sie am Magdalensberg zum begehrten „Ferrum Noricum" schmiedeten. Das verhüttete, stahlähnliche Eisen wurde zum Exportschlager und rüstete ganze Armeen aus. Der Run auf Eisen, Silber und Gold in den Tälern und Bergen Nordkärntens währte bis in die frühe Neuzeit. Am längsten überdauerte er im Görtschitztal. Als im Jahr 1978 die Knappen in Hüttenberg zum letzten Mal aus den Stollen ausfuhren, endete eine mehr als 2000 Jahre währende Ära.

Kultur- und Geschichtsinteressierte kommen in Mittel- und Nordkärnten sicher nicht zu kurz: z. B. im Metnitzer Totentanzmuseum (oben links), am Schloss Wolfsberg (oben rechts) und im Gurker Dom (unten).

EIN DOM FÜR ALLE EPOCHEN

Gurktaler Alpen, Seetaler Alpen und Saualpe – so lauten die Namen der wenig bekannten Mittelgebirgszüge entlang der Grenze zur Steiermark. Eingebettet in diese einsamen Landstriche findet man hin und wieder bedeutende kulturelle Schätze. Einer davon ist der Dom zu Gurk. Der romanische Prachtbau entstand im 12. Jahrhundert etwa an jener Stelle, wo 1043 die Gräfin Hemma von Gurk ein Benediktinerinnen-Kloster gestiftet hatte. Mit dem Dombau wollten die Gurker Bischöfe ihre Eigenständigkeit gegenüber dem Erzbistum Salzburg zum Ausdruck bringen. Nachdem aber der Bischofssitz im Jahr 1787 nach Klagenfurt übertragen worden war, wurde es im Gurktal ruhig.

Es ist dem preußischen Konservator Ferdinand von Quast zu verdanken, dass das zur Pfarrkirche „degradierte" Gotteshaus im 19. Jahrhundert nicht völlig der Vergessenheit anheimfiel. An der Wende zum 20. Jahrhundert wurde der Dom schließlich als Gesamtkunstwerk mit erlesensten Kunstschätzen aus verschiedenen Stilepochen wiederentdeckt. Und heute gehören seine romanischen Fresken, sein barocker Hochaltar und das Gurker Fastentuch zu den sehenswertesten Kunstschätzen des Landes.

KÄRNTENS SCHUTZPATRONIN

Die heilige Hemma (etwa 980–1045) ist die Schutzpatronin Kärntens. Ihre frommen Taten für die Armen brachten ihr Respekt im Volk und bald nach der Überführung ihres Leichnams in die Krypta des Gurker Doms (1174) tauchten Berichte über wundersame Heilungen auf. Die Verehrung der 1938 heilig gesprochenen Wohltäterin erfährt seit einigen Jahren eine Renaissance. Mit EU-Fördergeldern entriss die katholische Kirche die historische „Krainer Wallfahrt" dem Vergessen und belebte sie als „Hemma-Pilgerweg" neu. Die 150 km lange Route führt von Slowenien über den alten Loiblpass bis nach Gurk (www.hemmapilgerweg.com).

Der „Gottkönig" und der Abenteurer

Der Kärntner Heinrich Harrer war nicht nur ein Pionier unter den Bergsteigern, sondern auch Vermittler zwischen den Kulturen. Sieben Jahre lang war er Lehrer des Dalai Lama, ein Leben lang sein Freund.

Als Heinrich Harrer 1939 mit einem Expeditionsteam in den Himalaja aufbricht, ist er in Europa schon eine Berühmtheit. Ein Jahr zuvor hat er als Mitglied einer Vierer-Seilschaft eine herausragende alpinistische Leistung vollbracht: Die erstmalige Durchsteigung der gefürchteten Eiger-Nordwand. Nun gilt das Ziel dem Nanga Parbat. Doch vom 8125 m hohen „Nackten Berg" droht ihm weniger Gefahr als von der Politik. In Europa bricht nämlich der Weltkrieg aus – und die Alpinisten finden sich in einem britischen Internierungslager auf der indischen Seite des Himalaja wieder.

EINE SCHICKSALSHAFTE BEGEGNUNG

Zeitsprung ins Jahr 1944: Der fünfte Fluchtversuch klappt. Harrer und sein Tiroler Kamerad Peter Aufschnaiter schlagen den einzigen Weg ein, der offen steht – über das höchste Gebirge der Welt. 21 Monate, 50 Himalaja-Pässe und 2000 km später treffen sie 1946 in Tibets Hauptstadt Lhasa ein. Das Land am „Dach der Welt" schottet sich seit Jahrhunderten gegen Einflüsse von außen ab. Ihren Herrscher, den Dalai Lama, verehren die Tibeter als unnahbaren „Gottkönig".

Umso größer die Überraschung, als sich den Europäern die Tore zum Potala-Palast

Ein Weggefährte aus Tibeter Tagen: Phuntsog Tsering, der Heinrich Harrer und Peter Aufschnaiter persönlich kannte, ist auch in Harrers Buch „Sieben Jahre in Tibet" verewigt (links). Pilger und Reisende legen auf tibetischen Passhöhen Manisteine ab, um eine gute Reise und Wiederkehr zu erbitten (rechts).

Freunde fürs Leben: der Dalai-Lama und Harrer (links).
Der Hüttenberger Lingkor ist der einzige tibetische Pilgerpfad fern des
Himalajas (rechts).

öffnen, wo Harrer den 14-jährigen Dalai-Lama kennenlernt. Beamte an dessen Hof erkennen, dass die beiden Ausländer in Zeiten des Umbruchs nützlich sein könnten. Harrer fällt die Rolle zu, den wissbegierigen Jugendlichen zu unterrichten. Von der Funktionsweise eines Düsenjets bis zur westlichen Kultur gibt es wenig, wozu der Dalai-Lama keine Fragen an „Henrig" hatte.

1950/51 treibt der Konflikt Tibets mit China Harrer in die Flucht. Zurück in Europa, schreibt er seine Erlebnisse nieder: „Sieben Jahre in Tibet", 1953 erschienen, wird zum Bestseller und öffnet dem westlichen Publikum das Tor zu einer gänzlich fremden Welt. Vom Leben am Hof des Dalai-Lama berichtet Harrer, von der buddhistischen Reinkarnationslehre und vom Expansionsdrang des chinesischen Drachen, der sich Tibet 1959 endgültig einverleibt.

KLEIN-TIBET MITTEN IN KÄRNTEN

Auch dem Chronisten bleibt Tibet lange verschlossen. Harrer erkundet fortan andere Ecken des Himalaja, dazu Grönland, Papua-Neuguinea und die Andamanen. „Wenn ich die Zivilisation hinter mir lasse, fühle ich mich sicher", sagt er einmal. In über 20 Büchern und Dokumentarfilmen dokumentiert er seine Erlebnisse. Die tiefe Bindung zu Tibet erlischt jedoch nie. Als der mittlerweile 70-jährige Forschungsreisende daran geht, seine Sammlungen in ein Museum einzubringen, ist klar, dass auch die Anliegen der unterdrückten Tibeter eine gewichtige Stimme bekommen werden. Und so geschieht es, dass 1983 in Harrers Geburtsort Hüttenberg so etwas wie eine „Außenstelle" für tibetische Kultur in Europa entsteht. Die imposante völkerkundliche Sammlung des Heinrich-Harrer-Museums, ein buddhistischer Gebets- und Thronraum und der buddhistische Pilgerpfad Lingkor gewähren tiefe Einblicke in Geschichte und Religion Tibets.

Mehrmals erweist der Dalai Lama seinem alten Lehrer persönlich die Ehre. Zum 90. Geburtstag Harrers segnet er den Pilgerpfad Lingkor. Und wenige Monate nach dessen Tod (2006) übernimmt er die Schirmherrschaft über ein Projekt, das Hüttenberg endgültig als europäisches „Klein-Tibet" etablieren soll: Der Bau eines „Tibet-Hotels" und eines „Zentrums für tibetische Medizin". Das Geld reicht allerdings nur für ein Jufa-Hotel, das 2014 eröffnet wird. Untergebracht in dem Komplex ist auch das Tibet-Zentrum.

FAKTEN

Heinrich-Harrer-Museum
Bahnhofstr. 12, 9375 Hüttenberg, Tel. 04263/8108
www.harrermuseum.at, Mai–Okt. tgl. 10–17 Uhr

Internationales Institut für Höhere Tibetische Studien
9376 Knappenberg, www.tibetcenter.at

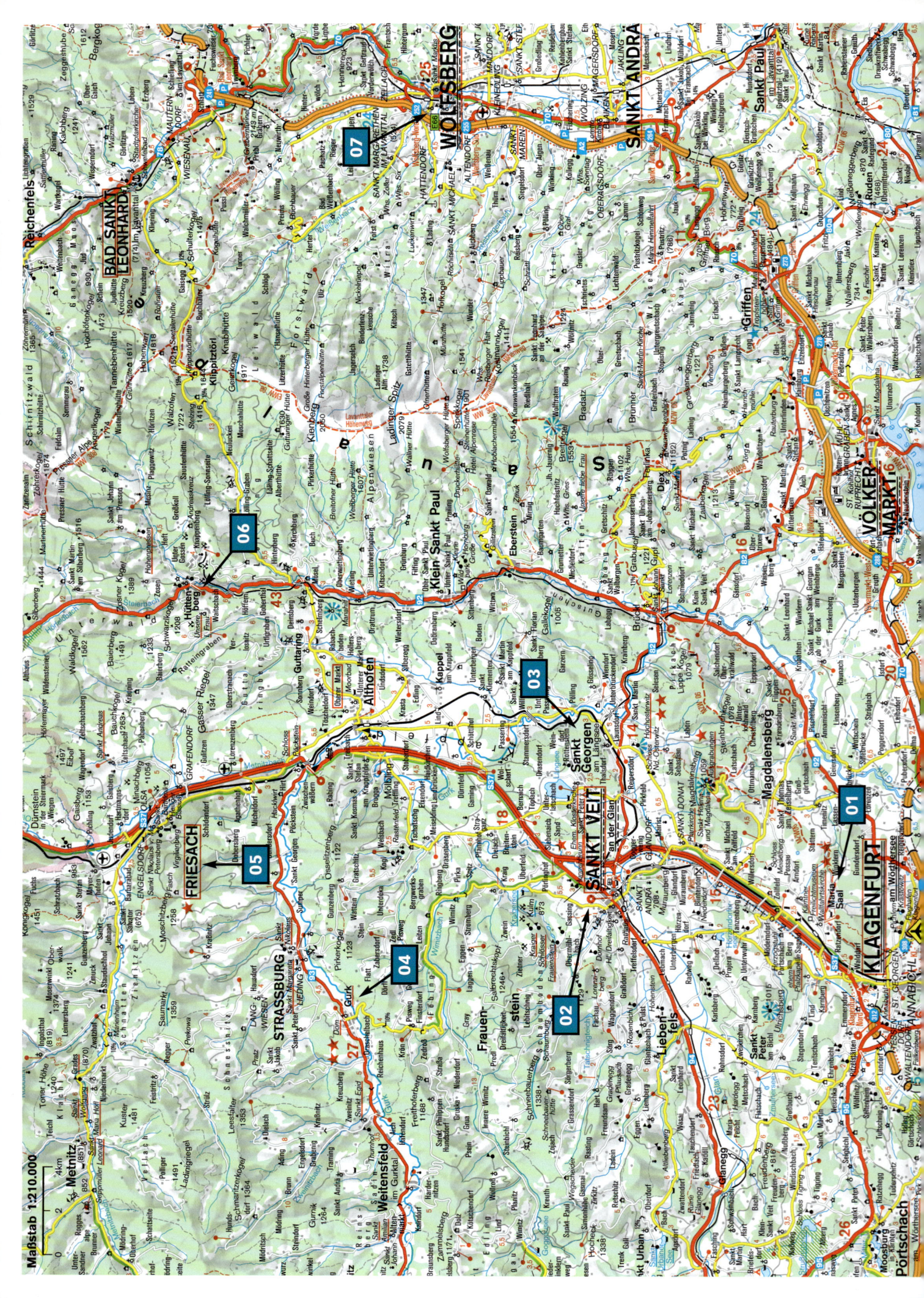

Infos

Eisenzeit im Land der Burgen und Kirchen

Geschichts- und Kulturbegeisterte werden die Region rund ums Zollfeld zu schätzen wissen. Sie werden hier u.a. eine der schönsten und doch weniger bekannten Kirchen besichtigen, die vielleicht berühmteste Burg Österreichs und eine bedeutsame archäologische Stätte der Keltenzeit.

01 MARIA SAAL

Maria Saal (3800 Einw.) nördlich von Klagenfurt fungierte im 8. Jh. als Zentrum der zweiten Christianisierungswelle Kärntens nach den Wirren der Völkerwanderung.

Sehenswert

Die auf einer Anhöhe über dem Zollfeld gelegene **Propstei- und Wallfahrtskirche** präsentiert sich heute als einer der beeindruckendsten spätgotischen Bauten des Landes. Zahlreiche Römersteine – u.a. das bekannte Relief eines Reisewagens – schmücken die Fassade. Kunstwerke aus unterschiedlichsten Epochen finden sich im Inneren des Gotteshauses, darunter auch ein umstrittenes Fresko des Kärntner Malers Herbert Boeckl von 1928.

An der Bundesstraße 1 km nördlich von Maria Saal ist der **Herzogstuhl** zu besichtigen, ein Symbol Kärntner Eigenständigkeit. Der steinerne Doppelthron, heute durch Gitter und Glas geschützt, stand im Mittelalter im Mittelpunkt einer auch von demokratischem Gedankengut geprägten Inthronisierungszeremonie für Kärntens Herzöge.

Umgebung

Am **Magdalensberg** 11 km nordöstlich von Maria Saal verhütteten Kelten bereits im 3. Jh. v.Chr. Eisen. Heute ist an der Flanke des 1059 m hohen Berges eine der wichtigsten Ausgrabungsstätten Österreichs zu besichtigen: der Archäologische Park Magdalensberg mit Museen und Überresten antiker Gebäude. Besondere Beachtung verdient die Dokumentation über das „Norische Eisen" (April–Okt., Di.–So. 10–18 Uhr, Tel. 04224/2255, www.landesmuseum.ktn.gv.at). Sehenswert ist auch die spätgotische **Wallfahrtskirche** am Gipfel mit einem Flügelaltar von 1502.

Information

Marktgemeinde Maria Saal, Am Platzl 7, A-9063 Maria Saal, Tel. 04223/51145, www.mariasaal.at.

02 ST. VEIT

Hunderte Jahre residierten in St. Veit (14 000 Einw.) die Kärntner Herzöge, bevor Klagenfurt

Tipp

Leben auf dem Land

Zu einer Zeitreise in die bäuerliche Vergangenheit des Landes wird ein Besuch im Kärntner Freilichtmuseum. Auf dem 4 ha großen Gelände am Ortsrand von Maria Saal sind originalgetreu wiederaufgebaute Höfe, Scheunen, Mühlen und andere bäuerliche Gebäude aus allen Landesteilen zu sehen.

(Mai/Juni/Sept./Okt., tgl. 10–16 Uhr, Juli/Aug. tgl. 10–18 Uhr, Sa. immer bis 16 Uhr, Tel. 04223/2812).

1518 zur neuen Hauptstadt erhoben wurde. Der historische Kern der Stadt mit seinen gut erhaltenen Bürgerhäusern und seiner Stadtmauer erinnert noch an die „goldene Ära".

Sehenswert

Das 1468 errichtete **Rathaus** wurde im Barock mit einer prachtvollen Stuck- und Goldfassade versehen. Den Arkadeninnenhof werteten die Stadtväter durch eine Glasüberdachung zum stimmungsvollen Ganzjahres-Veranstaltungsort auf. Der lang gestreckte Hauptplatz präsentiert sich im Sommer als Blumenmeer.

Veranstaltungen

Rund 500 000 Besucher strömen jedes Jahr zum zehntägigen **St. Veiter Wiesenmarkt**, der am letzten Samstag im September beginnt (erstmals erwähnt 1362).

Unterkunft

Ein knallbuntes Monument der Jetztzeit ist das im Stil des fantastischen Realismus gestaltete Kunsthotel €€ **Fuchspalast** (Prof.-Ernst-Fuchs-Platz 1, Tel. 04212/4660, www.hotel-fuchspalast.at).

Information

Tourismusregion Mittelkärnten, Hauptplatz 23, A-9300 St. Veit/Glan, Tel. 04212/45608, www.kaernten-mitte.at; Tourismusbüro Stadt: Prof. Ernst Fuchs Platz 1, Tel. 04212/4660600, www.sv.or.at/

03 ST. GEORGEN AM LÄNGSEE

Eingebettet in die liebliche Hügellandschaft Mittelkärntens, hebt sich der kleine Längsee von anderen Seen Kärntens ab, die ihre Ufer dem Tourismus geopfert haben.

Umgebung

Als „Astarnuiza" wurde die auf einem Solitärfelsen 6 km südöstlich von St. Georgen thronende **Burg Hochosterwitz** ▶TOPZIEL 860 erstmals urkundlich erwähnt. Im Jahr 1541 gelangte Österreichs wohl bekannteste Festung in den Besitz der Khevenhüller. 14 befestigte Tore, Zugbrücken und einen Zwinger passieren Besucher, bevor sie in die Hochburg gelangen. Waffen, Rüstungen und Dokumente zur Familiengeschichte präsentiert das Burgmuseum. In der Schauschmiede werden mittelalterliche Handwerkstechniken gezeigt (April–Okt., Tel. 04213/34597, www.burg-hochosterwitz.com).

Information

Tourismusbüro, Längseestraße 48, A-9313 St. Georgen am Längsee, Tel. 04213/4192, www.laengseehochosterwitz.at.

04 GURK

Die Marktgemeinde Gurk (1300 Einw.) lebt von Pilgern und Kunstfreunden, die den grandiosen

Tipp

Das Glück der Erde …

Die reizvolle, hügelige Landschaft um den Längsee bildet das Zentrum des sogenannten „Reiteldorado Kärnten" (St. Veit, Hauptplatz 23/3, Tel. 04212/45077, www.reit-eldorado.at). Auf zahlreichen Pferde- und Bauernhöfen stehen Reitlehrer und geduldige Huftiere für Kurse und organisierte Ausritte bereit. Zu den Paradebetrieben zählen das **Dienstl Gut** (Launsdorf, Wiendorf 1, Tel. 04213/34596, www.dienstlgut.com) wie auch der **Mentehof** (St. Georgen am Längsee, Latschach 1, Tel. 04213/2197, www.mentehof.at).

Infos

Dom in Augenschein nehmen und das Grab der hl. Hemma besichtigen wollen.

Sehenswert

Der Wallfahrtsort beherbergt einen der prachtvollsten Bauten der europäischen Romanik, den **Dom zu Gurk** ▶ TOPZIEL. Die dreischiffige Pfeilerbasilika „bayrischen" Typs entstand im 12. Jh. In der romanischen Krypta (1174) mit 100 Säulen aus Kärntner Marmor befindet sich das Grab von Kärntens Schutzpatronin. Einen Stock höher liegt der Prunkraum des Doms mit Kärntens bedeutendstem frühbarocken Hochaltar (72 Vollfiguren und 82 Engelsköpfe), einem Hauptwerk Michael Hönels (um 1630). Ihm vorgelagert ist der Kreuzaltar mit einer Pietà aus gegossenem Blei. Ihre Anfertigung (um 1740) kostete den Künstler Georg Raphael Donner das Leben – er starb an Bleivergiftung. Die Fresken in der Vorhalle zeigen Szenen aus dem Alten und Neuen Testament und wenden sich belehrend an das Volk. Eine ähnliche Funktion hat auch das Gurker Fastentuch aus dem Jahr 1458, das mit seinen lebendig-kraftvollen Szenen aus dem Alten und Neuen Testament eine der schönsten „Armenbibeln" des Mittelalters darstellt; von Aschermittwoch bis Karfreitag verhüllt es den Hochaltar. Als formvollendet gilt das imposante siebenstufige Westportal (um 1200). Wertvolle und in ihrer biblischen Symbolik äußerst komplexe Fresken im Zackenstil (um 1260) finden sich in der Bischofskapelle (Tel. 04266/82360, Führungen 10.30, 13.30 u. 15 Uhr, www.dom-zu-gurk.at).

Information

Marktgemeinde Gurk, Dr.-Schnerich-Straße 12, A-9342 Gurk, Tel. 04266/812527, www.gurk.at.

05 FRIESACH

Die Burgenstadt Friesach (5400 Einw.) am sogenannten „schrägen Durchgang" vom Mittelmeer in den Donauraum erlebte ihre Blüte im 12. und 13. Jh. Grundlage ihres Reichtums waren der Handel und der Bergbau, der Eisenerz und Silber förderte.

Sehenswert

Prunkstück Friesachs ist der wasserführende **Graben** – der einzige seiner Art, der in Europa die Zeiten überdauert hat. Er und die 11 m hohe **Stadtmauer** schirmen den Ortskern ab. Reich an Kunstschätzen sind die frühgotische **Dominikanerkirche** und die noch ältere Kirche des Deutschen Ordens. Der **Hauptplatz** bietet mit seinen Geschäften und Cafés einen attraktiven Ort zum Flanieren. Das Ensemble von **Burgen und Befestigungen** oberhalb der Stadt ist durch einen Rundweg erschlossen.

Museum

Das im ehemaligen bischöflichen Wohnturm am Petersberg untergebrachte **Stadtmuseum** (Juni bis Aug, Mi.–So. 10–18 Uhr, Tel. 04268/2600) vermittelt einen guten Eindruck von der einstigen Bedeutung Friesachs. Die Kapelle im zweiten Obergeschoss enthält sehenswerte Fresken.

Veranstaltungen

Beim Festival **Spectaculum** am letzten Juli-Wochenende drehen Ritter, Troubadoure, Burgfräulein und Gaukler das Rad der Zeit ins Mittelalter zurück.

Unterkunft

Der € € **Metnitztaler Hof** ist eines der besten hiesigen Hotels (Hauptplatz 11, Tel. 04268/25100, www.metnitztalerhof.at). Gekocht wird kärntnerisch-bürgerlich.

Café

Ein gediegener Hersteller von Confiserie und ein Ort zum Verweilen ist die **Konditorei Craigher** (Hauptplatz 3, Tel. 04268/2295, www.craigher.at).

Tipp

Das Werden einer Burg

Sei dem Jahr 2007 wird in Friesach an einer „neuen" Burg gebaut. Das Besondere daran: Statt Maschinen und Stahlbeton moderner Machart kommen ausschließlich mittelalterliche Methoden, Werkzeuge und Baustoffe, die allesamt vor Ort gewonnen werden, zum Einsatz! Rund 30 Jahre soll das ehrgeizige, mit öffentlichen Mitteln geförderte Projekt in Anspruch nehmen. Besucher sind auf der Baustelle willkommen (Besichtigung mit Führung), Mitarbeit ist nicht möglich.

April–Okt., Führungen Di.–So., Tel. 04268/221318, http://burgbau.at/

Umgebung

15 km südlich der Burgenstadt thront auf einem Bergkamm **Althofen**, bis zum Beginn des 16. Jh. der wichtigste Umschlagplatz für Hüttenberger Eisen. Die Altstadt besteht aus restaurierten Gebäuden aus Gotik und Renaissance (Riederhaus 1590, mit Sgraffiti). Das **Welsbach-Museum** (Mai–Okt., 10–17 Uhr, Mo. Ruhetag, Burgstraße 8, Tel. 04262/4335) erinnert an den österreichischen „Daniel Düsentrieb", Carl Freiherr Auer von Welsbach (1858 bis 1929), der die Metallfadenlampe zur Marktreife brachte, vier Elemente entdeckte und treibende Kraft hinter dem Aufbau der Industrie in Treibach am Fuß des Berges war.
Im kleinen Markt **Metnitz**, 15 km westlich von Friesach, findet sich mit dem einzigen in Österreich erhalten gebliebenen Totentanzfresko ein kunsthistorischer Schatz. Um 1500 hat ein unbekannter Künstler den Freskenzyklus mit Spruchbändern am Karner der Pfarrkirche ausgeführt. Die Fresken sind zusammen mit einer Dokumentation über Totentänze in Europa im **Totentanzmuseum** zu bewundern (Mitte Mai–Mitte Okt., Di.–So. 10–12 u. 14–17 Uhr, Tel. 04267/251); den Karner (Beinhaus) zieren heute Kopien. Alle vier Jahre – das nächste Mal im Sommer 2014 – wird in Metnitz ein Totentanz auch szenisch umgesetzt.

Information

Tourismusinformation, Fürstenhofplatz 1, A-9360 Friesach, Tel. 04268/221340, www.friesach.at.

06 HÜTTENBERG

In Hüttenberg (1600 Einw.) und Umgebung wurde bis 1978 eines der größten Erzvorkommen Europas ausgebeutet. In einem Museums- und Naturpark kann man sich über die mehr als 2000-jährige Geschichte des begehrten „Norischen Eisens" informieren.

Sehenswert

Leben und Arbeiten der Knappen über die Jahrhunderte dokumentieren ein **Schaubergwerk** mit dem 900 m langen „Erb"-Stollen und ein **Bergbaumuseum** (Mai–Okt. 10–17 Uhr, Tel. 04263/8108) im Ortsteil Knappenberg. Ein Wanderweg entlang der ehemaligen Erzbahntrasse führt zur **Eisenwerkanlage Heft**, deren Hochöfen 1908 ausgeblasen wurden. Heute bilden die backsteinernen Ruinen ein **Freilichtmuseum**. Die anlässlich der Landesausstellung im Jahr 1995 angebaute futuristische Glas-Stahl-Konstruktion – gedacht als Brückenschlag in die Zukunft der Region – droht mangels Besuchern mittlerweile schon selbst zu einem Industriedenkmal zu werden.

Museum

Das **Heinrich-Harrer-Museum** (Mai–Okt. 10–17 Uhr, Tel. 04263/8108, www.harrermuseum.at) beherbergt eine faszinierende Tibet-Sammlung und Exponate, die das abenteuerliche Leben des Forschungsreisenden (1912–2006) dokumentieren. Zur Einstimmung (oder zur Vertiefung) erwartet Besucher an einer Felswand gegenüber dem Museum ein Pilger- und Meditationspfad **(Lingkor)** mit riesigen Konterfei Buddhas als Blickfang (wird derzeit saniert).

Veranstaltungen

Alle drei Jahre (nächster Termin 2016) findet am So. nach Pfingsten der **Reiftanz** in Bergmannstracht statt (seit 1608 belegt).

Unterkunft/Restaurant

Ein angenehmes Quartier und gute ländliche Küche findet man im **€€ Gasthaus Neugebauer** an der Straße zum Klippitztörl (Lölling, Graben 6, Tel. 04263/407, www.landgasthof-neugebauer.at).

Information

Marktgemeindeamt Hüttenberg, Reiftanzplatz 1, A-9375 Hüttenberg, Tel. 04263/247, www.huettenberg.at.

07 WOLFSBERG

Die Passstraße über das Klippitztörl führt in das früher als Bergbauregion bekannte Obere Lavanttal. Der Hauptort Wolfsberg war lange ein Zentrum der Eisenverarbeitung. Mit 25 000 Einwohnern ist die Bezirkshauptstadt der drittgrößte Ort Kärntens.

Sehenswert

Der Berg, auf dem „einst die Wölfe hausten", wurde schon im frühen Mittelalter befestigt und erwies sich für die Türken als uneinnehmbar. Aus der Mitte des 19. Jh. stammen die Umbauten zum romantisch-historistischen Schloss nach Tudor-Vorbild. Heute werden die Prunkräume von **Schloss Wolfsberg** für Veranstaltungen genutzt. **Schloss Bayerhofen** im Süden der Stadt ist wegen seines Arkadenhofs aus dem 16. Jh. einen Abstecher wert. Sehenswert ist zudem die **Altstadt** mit ihren prächtigen Bürgerhäusern.

Aktivitäten

Auf der **Saualpe** und der **Koralpe** finden Wanderer nicht allzu anspruchsvolle Touren.

Information

Tourismusbüro Wolfsberg, Minoritenplatz 1, A-9400 Wolfsberg, Tel. 04352/3340, www.region-lavanttal.at, www.wolfsberg.at.

DuMont Aktiv

Die Kunst ist das Ziel

Auf 65 km Länge reiht sich am Kultur-Radweg Mittelkärnten Sehenswürdigkeit an Sehenswürdigkeit. Damit nicht genug, knüpfen sich zahlreiche Radwander- und Mountainbikewege an die Hauptstrecke an.

Kärntens historisches Zentrum ist reich an Kultur, arm an Steigungen und mit einer Bahnlinie erschlossen – perfekte Voraussetzungen für eine Radtour. Einfach in den Sattel schwingen, die Natur genießen und viel Kultur „mitnehmen" lautet die Devise auf dem 2008 aus der Taufe gehobenen Mittelkärntner Kultur-Radweg.

AKTIV ERKUNDEN

Besonders im mittleren Abschnitt reiht sich eine Sehenswürdigkeit an die andere. Den Auftakt macht Maria Saal mit seinem bäuerlichen Freilichtmuseum und seiner gotischen Wallfahrtskirche, die mit Kunstwerken aller Epochen verschwenderisch ausgestattet ist. 13 km weiter bietet sich das mittelalterlich geprägte St. Veit mit seinem blumengeschmückten Hauptplatz für eine erste Kaffeepause an.

Etwas bergab muss (oder darf) radeln, wer am idyllischen Längsee einen Badestopp einlegen will. Zurück im Sattel, taucht am Horizont bald Althofen auf, das auch in den Abruzzen eine gute Figur abgäbe – kühn thront das kleine Städtchen hoch oben auf einem Felsklotz. Während man schließlich dem Etappenziel Friesach mit seinem Kranz von Burgen entgegenstrebt, sollte ein letzter Stopp nicht fehlen: Ein Radler oder eine süffige Halbe im schattigen Kastaniengarten der Brauerei Hirt verleihen Schwung für die letzten Kilometer.

Idyllische Wegstation: Althofen

WEITERE INFORMATIONEN

Der Mittelkärntner Kulturradweg verläuft zwischen Klagenfurt und Dürnstein. Die begleitende Bahnlinie (mit Radbeförderung) ermöglicht eine individuelle Gestaltung. Die beschriebene Tour Maria Saal/Friesach ist etwa 40 km lang. Unter www.kulturradweg.at sind Streckenverlauf und Sehenswürdigkeiten gut aufbereitet.

Touristeninformation
Tourismusregion Mittelkärnten, Hauptplatz 23, A-9300 St. Veit, Tel. 04212/45608
www.kaernten-mitte.at

Genießen zwischen Berg und See

Manche Gegenden Kärntens besucht man wegen ihrer grandiosen Berge, andere wegen ihrer schönen Seen oder ihrer Kunstschätze. Die Ferienregion Millstätter See bringt all dies unter einen Hut. Wer seine Ruhe sucht, findet sie am Südufer, wer aktiv sein will, ist am Nordufer gut aufgehoben. Dort geht der See Stufe für Stufe in eine Berglandschaft über, die wie keine andere mit Erholung und unberührter Natur assoziiert wird: die Nockberge. Zahllose Kunstschätze erwarten Besucher im ehemaligen Stift Millstatt und in zahlreichen Museen.

Die Turracher Höhe (hier am Schwarzsee) vereint die landschaftlichen Reize der Nockberge mit einem reichen Freizeitangebot.

Im Freibad Millstatt kann man einen denkmalge-
schützten Sprungturm bewundern (links oben).
Oberhalb von Millstatt liegt einer der schönsten
Golfplätze Kärntens (rechts oben). Das ehemalige
Benediktiner-Stift (links unten) mit seiner Kirche
(rechts unten) gehört zu den interessantesten
Sehenswürdigkeiten Millstatts.

Der Millstätter See ist ein Kleinod Kärntens – wie dieser Blick auf das Nordufer mit der Stadt Millstatt eindrucksvoll beweist.

Während die Protestanten im Untergrund Messen abhielten, schmiedeten über ihnen die Jesuiten eifrig an der Gegenreformation.

Seine Entstehung verdankt der Millstätter See wie so viele andere Alpenseen einem Gletscher, der die Senke zwischen den Nockbergen im Norden und dem Seerücken im Süden vor Zehntausenden von Jahren zu einer tiefen Rinne ausschliff. Kelten, Römer, Slawen, Karolinger, Franken: Sie alle hinterließen Spuren an den Ufern des zweitgrößten Kärntner Sees – oder in seinen Tiefen, wenn man einer Legende Glauben schenkt, nach der einst der slawische Karantanen-Fürst Domitian einen heidnischen Tempel schleifen und dessen 1000 Säulen bzw. Götzenstatuen („mille statue") in den See werfen ließ. Von daher stamme der Name Millstatt, heißt es, während er sich nach einer anderen, weniger poetischen Interpretation einfach von „Mühlstatt" ableiten soll.

Das Stift Millstatt wurde von den Brüdern Aribo und Poto aus dem bayrischen Aribonengeschlecht gegründet (um 1070). 700 Jahre lang bildete es das geistige Zentrum Oberkärntens. Die hervorragende Akustik macht die Millstätter Pfarrkirche zu einer stimmungsvollen Konzertbühne.

WECHSELVOLLE GESCHICHTE
Aus den Anfängen des Stifts stammt auch jene Linde, die heute ihre Äste über den halben Stiftshof ausbreitet und nur mühsam mit Eisenreifen und Zement zusammengehalten wird. Könnte sie sprechen, würde sie vielleicht vom Jahr 1469 berichten, als der Orden der St.-Georgs-Ritter das von den Benediktinern herabgewirtschaftete Kloster mit der Auflage übertragen bekam, es zu einer Festung gegen die einfallenden Türken auszubauen.

Oder vielleicht verkündete sie auch vom äußerst turbulenten 17. Jahrhundert, als der in Kärnten erbittert geführte Konflikt zwischen Katholiken und Protestanten auch in den Mauern des Stifts tobte. Während die Protestanten im Untergrund Messen abhielten, schmiedeten über ihnen die Jesuiten eifrig an der Gegenreformation.

Der touristische Aufschwung Millstatts kam – ganz ähnlich wie am Wörthersee – im 19. Jahrhundert mit der Bahn. Noch heute verströmen die Fin-de-siècle-Villen in Millstatt aristokratisches Flair.

UNVERBAUTES SÜDUFER
Am – in seiner gesamten Länge von ungefähr 12 km praktisch unverbauten – Südufer des Millstätter Sees finden Spaziergänger und Radfahrer ein wunderschönes Naturparadies vor. Sie wandern beispielsweise hinauf zum moorigen Egelsee, genießen vom Aussichtspunkt Lug ins Land das Panorama und

Am malerisch gelegenen Windebensee an der Nockalm-Straße können die Besucher einen informativen kurzen Rundwanderweg absolvieren.

Wanderer auf dem Weg zur auch mit dem Auto gut erreichbaren Lammersdorfer Hütte hoch über dem Millstätter See

Urlaub auf der Alm: im „Almdorf Seinerzeit"
in Patergassen

Auch am Feldsee im Gegendtal lässt sich dank des schönen Kärntner
Wetters ausgiebig Sonne tanken.

Special   GESANGSVEREINE

Heimweh im eigenen Land

Offensichtlich lieben die Kärtner ihre Volkslieder – zumindest legt die Zahl der Gesangsvereine diese Vermutung nahe.

Drei Kärntner, ein Gesangsverein, heißt es im Volksmund – und diese Aussage hat auch durchaus ihre Berechtigung. Denn zwischen 25 000 bis 30 000 Kärntner und Kärntnerinnen sind in den schätzungsweise 650 Chören des Landes organisiert. Eine eigene Chorakademie kümmert sich um Niveau und Vielfalt der Chöre. Salonfähig gemacht hat das im Dialekt vorgetragene Kärntner Volkslied insbesondere der „Liederfürst" Thomas Koschat (1845–1914). Es ist die Vielstimmigkeit, erklären Musikforscher, die dem Gesang eine ganz besondere Eindringlichkeit und Melancholie verleiht: so sehr, dass man als Kärntner dabei sogar im eigenen Land Heimweh bekommen kann.

kürzen den Rückweg in die Zivilisation schließlich mit einem Linienschiff ab – was vor allem im Sommer dank des recht dichten Fahrplans der Schiffe kein Problem ist. Und da verwundert es auch nicht, dass so manche Familie, deren Kinder angesichts der gemütlichen Schiffsreise plötzlich gar nicht mehr laufen wollen, gleich einmal rund um den ganzen See schippert und die zweieinhalbstündige Tour schließlich in einem der vielen Restaurants am Nordufer mit einer großen Portion Eis ausklingen lässt.

Auch die Fischer wissen die Ruhe am südlichen Teil des Sees zu schätzen. Da Kärntens wasserreichster See zudem auch noch sehr sauerstoffreich ist, gedeihen die Kiemenatmer hier ganz besonders prächtig. Im Herbst treten die Petri-Jünger sogar zu einem großen Wettfischen an.

HINAUF IN DIE „NOCKY MOUNTAINS"

Das Nordufer des Millstätter Sees steigt terrassenförmig an. Auf der ersten Etage erstreckt sich ein sonnenreiches Hochplateau, das einen Stock höher in der Millstätter Alpe ausläuft. Diese 2091 m hohe Erhebung gehört zu einer Landschaft, die in Kärnten vor allem mit Erholung assoziiert wird: den Nockbergen. „Nocken" hat tatsächlich

etwas mit der kulinarischen Spezialität zu tun: Es bezieht sich auf die runden, knödelähnlichen Formen der Berge.

SCHUTZGEBIET STATT SKIZIRKUS

Dass in den „Nocky Mountains" Ursprüngliches auch in heutigen Zeiten Bestand haben kann, zeigt das Beispiel der Nockalm-Straße. Gebaut wurde die Strecke, um die jahrhundertelang für die Almwirtschaft genutzten westlichen Nockberge für einen Mega-Skizirkus zu erschließen. Doch dann votierten die Einheimischen 1980 so eindeutig gegen diese Pläne, dass die Landesregierung sie ganz schnell wieder in der Schublade verschwinden ließ und stattdessen sieben Jahre später ein 185 km² großes Areal zum Schutzgebiet erklärte. 2013 richtete Kärnten schließlich den „Biosphärenpark Nockberge" ein.

So mutierte die 1979 fertiggestellte, ursprünglich „böse" Erschließungsstraße ganz plötzlich zur „guten" Panoramastraße – ganz im Sinne der vielen Besucher, ob sie nun auf Almmatten neben „sommerfrischenden" Kühen und Schafen wandern oder Nordic Walking betreiben, sich an Enzian, Almrausch und Arnika erfreuen, im Herbst das orgiastische Farbenspiel der Lärchen bestaunen oder am Windebensee in einen Zirbenwald eintauchen.

Die Leichtigkeit des Seins

Seit keltischen Zeiten ein „Wohlfühl"-Land: Thermalquellen, ein einzigartiges Bauernbad und elegante Hotels definieren Kärntens Wellness-Bogen. Auch für die schmale Börse ist das eine oder andere Angebot dabei.

Ein höchst erfolgreiches Konzept: Der rustikale Badespaß im Karlbad an der Nockalmstraße erfreut sich größter Beliebtheit.

Das Karlbad an der Nockalmstraße steht für ein Geschäftsmodell, das eigentlich nicht aufgehen kann: Mit Bädern in ausgehöhlten Lärchenstämmen bietet das Bauernbad aus dem 18. Jahrhundert eine spartanische Form von Wellness. Der Komfort entspricht dem einer Almhütte; Strom und Internet haben noch nicht ihren Weg zu dem in 1700 m Höhe gelegenen Anwesen gefunden – und Marketing findet auch nicht statt. Dennoch brummt das Geschäft. „Wir haben viele Stammgäste. Manche bleiben drei, manche 14 Tage", erklärt Bademeister und Junior-Chef Hans-Jörg Aschbacher. Mindestens ein Jahr im voraus muss reservieren, wer länger bleiben will. Dazu kommen die Tages-Kurtouristen.

EINZIGARTIGES GESAMTPAKET

Schon um 1730 schickte Landarzt Anton Wilburg aus dem nahen Gmünd Holzknechte und Bauern mit Zipperlein ins „Bad im kleinen Kar". Um die Heilkräfte des leicht radonhaltigen Wassers zu verstärken, ersannen die „Wellness-Pioniere" damals eine Methode, die sich seither kaum verändert hat: In Herrgottsfrüh entfacht Aschbacher ein Feuer, erhitzt Kugelsteine aus dem Bach und bugsiert sie mit einer „Moltern" (kleine Holzwanne) in die Lärchenholz-Tröge des Badehauses. Die glühenden Steine geben die gelösten Mineralien ans Quellwasser ab. Bei 40 °C Wassertemperatur ertönt der Ruf zum „Booohd'n!". Nur der Kopf lugt aus dem Schaffelbad heraus, wenn die Mixtur ihre Wirkung gegen Ischias, Gicht, Gelenkschmerzen und Hautkrankheiten wie Neurodermitis entfaltet.

Der Kurbetrieb ist für die Aschbachers, die das Bad in der achten Generation betreiben, ein einträgliches Geschäft. Mit Käse, Milch, Topfen, Würsten, Speck, Forellen und Fleisch und Köstlichkeiten aus der eigenen Landwirtschaft bieten sie ihren Gästen eine bodenständige Form der Vollpension. Auch die einzigartige „Weg-von-allem"-Atmosphäre der Nockberge trägt zur Erholung bei. „Ich sage immer, es ist das Gesamtpaket: Die Bäder, die frische Luft, die Höhenlage, die herrliche Ruhe, das gute Essen", analysiert Aschbacher. Übrigens: Als Tagesgast kann man ein Schnupperbad genießen. Seit es auf der Alm Handy-Empfang gibt, ist das Reservieren leichter geworden.

EINE ALTE TRADITION

Begründet haben den Ruf Kärntens als Wiege von Kur und Wellness bereits die Römer. Weihealtäre für die Quellgöttin Vibe belegen, dass römische Bürger die Thermalquellen bei Villach aufsuchten, um Erkrankungen des Bewegungsapparates zu kurieren. Die im Zuge der Völkerwanderung verschütt gegangene Tradition lebte spätestens

Aschbacher entfacht ein Feuer, erhitzt Kugelsteine aus dem Bach und bugsiert sie in die Lärchenholz-Tröge des Badehauses.

Ob man stilvoll chinesischen Tee genießt oder bei einem ayurvedischen Stirnölguss entspannt:
In Kärnten hat man was Wellness-Anwendungen angeht die Qual der Wahl.

an der Wende zur Neuzeit als Vergnügen für alle Schichten wieder auf. Mitte des 19. Jahrhunderts wich das FKK-Bad einem modernen, überdachten Bad. Warmbad Villach stieg in die erste Liga der k.u.k.-Bäder auf. Die sechs Quellen aus den Tiefen des verkarsteten Dobratsch-Massivs befüllen heute u.a. die Becken einer Erlebnistherme, die 2012 in komplett neuem Outfit als „Kärnten Therme" wieder eröffnet wurde.

WOHLFÜHLEN AUF VIELERLEI ARTEN

Es gibt jedoch auch Wellness-Angebote, die nichts oder wenig kosten. In den Nockbergen laden „Kraftorte" und „Glücksplätze", die Radiästheten gefunden haben wollen, zu Wanderungen ein. Glücklich der, der spürt, wo die Energie fließt!

FAKTEN

Wellness in Kärnten im Überblick:
www.kaernten.at/seenwellness/

Unterkunft:
€€ Karlbad, Nockalmstraße, Familie Aschbacher, St. Peter 2, A-9545 Radenthein, Tel. 0664/9683926.
€€€€ Hotel Hochschober, A-9565 Turracher Höhe 5, Tel. 04275/8213, www.hochschober.at.
KärntenTherme, Kadischenallee 25, A-9504 Warmbad-Villach, Tel. 04242/30012750, www.kaerntentherme.com.
Speik-Erlebnisweg, ab Gasthof „Blutige Alm", Innerkrems, www.blutige-alm-huette.at.

Wiederbelebt wurde das Wissen um den „Echten Speik" (Valeriana Celtica). Dem unscheinbaren, intensiv riechenden Baldriangewächs schrieb man schon im Altertum allerlei gesundheitsfördernde Eigenschaften zu. Heute können Wanderer auf Hütten rund um Bad Kleinkirchheim ihre müden Füße mit belebenden Speik-Bädern wieder in Schwung bringen.

Am anderen preislichen Ende des Universums liegen Wellness-Tempel wie das Hotel Hochschober auf der Turracher Höhe. „Alles tun können. Nichts tun müssen!" lautet das Motto des von der Branchenbibel „Relax Guide" mit der Höchstwertung bedachten Hotels. Statt Kargheit regieren hier Luxus und Exotik. Das opulente Spa-Menü reicht von indischen Ayurveda-Ritualen über fernöstliche Entspannung bis zu orientalischen Schaumbädern. Dazu kommen Fitness, Beauty-Behandlungen und die Gong-Fu-Tee-Zeremonie ganz oben im China-Turm, der von Meistern aus dem Reich der Mitte errichtet wurde und recht gut in die Landschaft passt.

Was davon fürs Wohlfühlen nötig ist, mag jeder selbst entscheiden. Gold wert ist aber der geheizte Pool, der in den Turracher See hinausragt. Zwischen maximal 18 °C „draußen" und 30 °C „drinnen" verläuft eindeutig eine Grenze zwischen Wohlfühlen und nicht. Apropos: 25 °C Badetemperatur erreichen auch viele Kärntner Seen – Wohlfühlen zu einem Preis, der einem das Vergnügen nicht verleidet!

Großglockner Hochalpenstraße

grossglockner.at

Like us

FAHRERLEBNIS UND NATURGENUSS AUF EUROPAS SCHÖNSTER PANORAMASTRASSE

Die Großglockner Hochalpenstraße vereint einzigartiges Fahrvergnügen mit einem Naturerlebnis der Superlative. Auf über 2.500 Meter Seehöhe regiert die faszinierende Schönheit der Natur mit Murmeltieren, Wasserfällen, uraltem Gletschereis und dem höchsten Berg Österreichs. Acht kostenlos zugängliche Ausstellungen, Naturlehrwege und Themenspielplätze sorgen für einen unvergesslichen Erlebnistag im Nationalpark Hohe Tauern.

Villacher Alpenstraße
villacher-alpenstrasse.at

Nockalmstraße
nockalmstrasse.at

Goldeck Panoramastraße
goldeck-panoramastrasse.at

DREI LÄNDER AUF EINEN BLICK

Die Villacher Alpenstraße führt auf einer Länge von 16,5 Kilometer in den Naturpark Dobratsch. Der Panoramablick auf die gewaltigen Gebirgsketten in Slowenien und Italien verführt zum Träumen und Staunen.

FÜR GOURMETS UND NATURLIEBHABER

In sanften Kurven windet sich die Nockalmstraße durch den Biosphärenpark Nockberge: Almrausch, Murmeltiere, Wanderwege und zahlreiche Hütten und Gasthöfe mit köstlichen Kärntner Schmankerln zählen zu den Begleitern.

DIE GOLDECK PANORAMASTRASSE

Zehn Kehren und die Parkplätze entlang der Straße bieten immer wieder herrliche Ausblicke auf den Millstätter See, die Nockberge, die Hohen Tauern, die Gailtaler Alm, die Karawanken und das Drautal bis nach Villach.

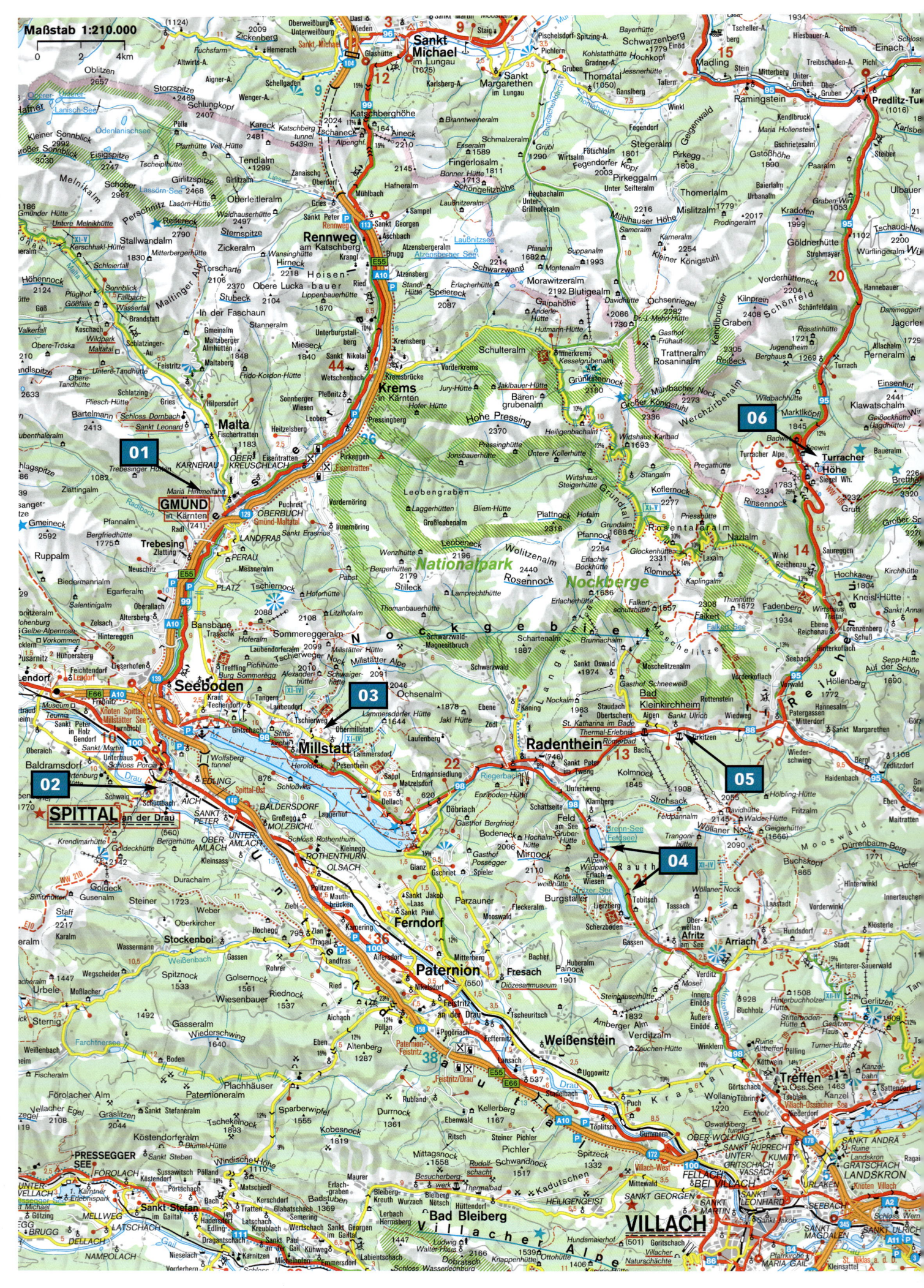

Infos

Sanfte Nocken und ein schöner See

Besuchern, auch den allerkleinsten, wird viel geboten: ob spannende Museen, Burgen mit Ritterspielen, kurvige Straßen durch grüne Täler oder bergige Regionen – hier gibt es für jeden Geschmack etwas.

01 GMÜND

Das 1252 erstmals urkundlich erwähnte Gmünd (2600 Einw.) im Liesertal ist eine der am besten erhaltenen mittelalterlichen Städte Österreichs und ein guter Ausgangspunkt für Ausflüge ins Maltatal (s. Kapitel Hohe Tauern).

Sehenswert

Den mittelalterlichen Kern umschließt eine **Stadtmauer** mit vier Toren. Entlang des **Hauptplatzes** gruppieren sich alte Bürgerhäuser. Der 1563 errichtete **Stadtturm** wird im Sommer zu Ausstellungszwecken genutzt. Die **Alte Burg** über der Altstadt beherbergt u.a. eine Theaterbühne und ein Panorama-Café.

Museum

1948 entstand in einem alten Sägewerk in Gmünd das erste Auto mit dem Namen „Porsche" – der Porsche 356. Vier Jahre zuvor war das Porsche-Konstruktionsbüro aus Kriegsgründen nach Kärnten verlegt worden. 1950 kehrte Porsche nach Stuttgart zurück. An die

Tipp

Die Welt der Römer

Didaktisch toll gestaltet ist das Römermuseum Teurnia in St. Peter in Holz 5 km westlich von Spittal, wo anhand einer übersichtlichen Zahl von Exponaten das Leben an der Peripherie des Reiches lebendig wird. Zu sehen sind auch Fundamente der Bischofskirche und ein Mosaik (um 500 n. Chr).

St. Peter in Holz 1a, Mai–Ende Okt. 9–17 Uhr, Mo. geschl., Tel. 04762/33807, www.landesmuseum.ktn.gv.at.

Sommerliches Event: Komödienspiele im Arkadenhof von Schloss Porcia in Spittal an der Drau

Kärntner Zeit erinnert das **Porsche-Automuseum Helmut Pfeifhofer** (Mitte Mai–Mitte Okt. tgl. 9–18, sonst tgl. 10–16 Uhr; Riesertratte 4a, Tel. 04732/2471, www.auto-museum.at).

Aktivitäten

Das geschichtsträchtige Ambiente Gmünds ist ein guter Boden für Kunst und Kunsthandwerk. Galerien rund um den Hauptplatz laden zu einem Kulturbummel ein. Jeden Sommer vergibt die Stadt ein Kunststipendium. Der „artist in residence" im Stadtatelier am Maltator darf besucht werden, wenn das Gartentor offen steht.

Unterkunft

Das Traditionsgasthaus €€ **Kohlmayr** bietet nette Zimmer und eine Speisekarte kärntnerischen Zuschnitts (Hauptplatz 7, Tel. 04732/2149, www.gasthof-kohlmayr.at).

Umgebung

Auf Familien mit Kleinkindern spezialisiert hat sich die Gemeinde **Trebesing** 4 km südlich von Gmünd. „Europas 1. Babydorf" wirbt mit Betreuung und kindgerechten Attraktionen wie einer Märchenwandermeile (Tel. 04732/3000, www.babydorf.at). Der **Katschberg** an der Grenze zum Salzburger Lungau ist eines der sichersten Skigebiete Kärntens und eine Wanderregion.

Information

Tourismusverband Lieser-Maltatal, Hauptplatz 20, A-9853 Gmünd, Tel. 04732/2222, www.stadtgmuend.at/ tourismus-freizeit, www.familiental.com.

02 SPITTAL

Die Bezirkshauptstadt **Spittal** an der Drau (16 000 Einw.) bildet das wirtschaftliche Zen-

trum Oberkärntens. Bedeutendste Sehenswürdigkeit ist Schloss Porcia, einer der schönsten Renaissance-Bauten nördlich der Alpen.

Sehenswert

Das **Schloss** wurde 1533 von Gabriel von Salamanca, dem damaligen Marktherr von Spittal und Vertrauten von Kaiser Ferdinand I., bei italienischen Architekten in Auftrag gegeben. Sein malerischer Arkaden-Hof ist von toskanischen und lombardischen Vorbildern beeinflusst. Heute dient Schloss Porcia als kulturelles Zentrum Spittals und beherbergt u.a. das Museum für Volkskultur Oberkärntens (Mitte April–Ende Okt., tgl. 9–18, sonst Mo.–Do. 13–16 Uhr, Tel. 04762/2890, www.museum-spittal.com).

Veranstaltungen

Der **Internationale Chorwettbewerb** führt begnadete Stimmen aus aller Welt nach Spittal und Millstatt (Juli). Seit 1961 gehen im Arkadenhof von Schloss Porcia im Sommer die **Komödienspiele** über die Bühne (Mitte Juli–Ende Aug., Tel. 04762/42020). Garant für farbenprächtige Fotomotive ist Mitte Juli das World Bodypainting Festival in Seeboden.

Umgebung

Die Geschichte Oberkärntens im 8./9. Jh. dokumentiert in **Molzbichl** 5 km südöstl. das Frühmittelaltermuseum Carantana (mit archäologischem Freigelände (Mitte Mai–Mitte Okt. So.–Fr. 10–12, 13–17 Uhr, Tel. 04767/666). Zu den schönsten Stücken der Sammlung zählen die Flechtwerksteine aus der Karolingerzeit.

Seeboden am Westufer des Millstätter Sees ist ein beliebter Urlaubsort und hat mehrere interessante Museen. Hechte, Huchen und weitere Seebewohner sind in den Aquarien des Fischereimuseums (Seebodener Bucht, Fischerweg 1, Mai–Okt., tgl. 10–18 Uhr, Tel. 04762/

Infos

Fischereimuseum in der Seebodener Bucht

81669) zu bewundern. Das Foltermuseum auf Burg Sommeregg zeigt Grusliges aus alter Zeit, ist aber ergänzt durch eine Amnesty-International-Schau. In der ersten Augusthälfte werden hier Ritterspiele ausgerichtet (April/Sept./ Okt. tgl. 11–17; Mai/Juni tgl. 10–18, Juli/Aug. bis 20 Uhr, Tel. 04762/81391, www.folter.at). Der Aussichtsberg **Goldeck** (2142 m) südlich von Spittal ist durch eine Panoramastraße erschlossen und winters ein beliebtes Skigebiet.

Information

Infocenter Millstätter See,
Thomas-Morgenstern-Platz 1,
A-9871 Seeboden, Tel. 04766/37000,
www.millstaettersee.com.

03 MILLSTATT

Millstatt (3400 Einw.) ist ein touristisches Zentrum am Nordufer des Millstätter Sees. Das um 1070 gegründete Stift wurde zunächst von den Benediktinern, ab 1469 von den St.-Georgs-Rittern und ab 1598 von den Jesuiten verwaltet, bis es 1773 aufgehoben wurde. Die Anlage weist einen romanischen Kern auf. Die ursprünglich romanische Pfeilerbasilika aus dem 12. Jh. wurde später eingewölbt und ist heute Pfarrkirche.

Sehenswert

Die Säulenkapitelle des **Kreuzgangs** und das prächtige Stufenportal der jetzigen **Pfarrkirche** sind reich mit romanischen Bauplastiken ausgestattet: Menschen- und Tierfratzen, die Dämonen abhalten und die Menschen an den ernsten Charakter des Glaubens erinnern sollten, neben Fantasiewesen und ornamentalen Motiven. Das Innere beherbergt viele Kunstschätze späterer Epochen, darunter das Weltgerichtsfresko von Urban Görtschacher (1518) sowie das farbenprächtige Millstätter Fastentuch (1593; Aschermittwoch bis Karfreitag). Auffällig im Ortsbild Millstatts sind Villen aus dem späten 19. Jh., als die Region als Sommerfrische entdeckt wurde.

Museum

Das **Stiftsmuseum** (Mai, Juni, Sept., Okt. 10–16 Uhr; Juli u. August 10–18 Uhr.) präsentiert u.a. eine der von Andrea Mantegna entworfenen Hochzeitstruhen der Paola Gonzaga (ca. 1470).

Aktivitäten

Schwimmen und Wassersport sind die beliebtesten Freizeitvergnügungen am **Millstätter See ▶TOPZIEL**. Dinner for 2 auf einer schwimmenden Plattform, Buchtenwandern (mit Ruderboot) oder Yoga am See zählen zu den originellen Angeboten. Der 18-Loch-Platz über dem Nordufer gilt als eine der schönsten Golfanlagen Kärntens (Am Golfplatz 1, Tel. 04762/ 82548, www.golf-millstatt.at). Die Millstätter Alpe und andere Gipfel der **Nockberge ▶TOPZIEL** sind durch Wege und Hütten gut erschlossen. Der Enzian-Granatsteig (Ausgangspunkt Lammersdorfer Hütte) ist besonders in der Enzianblütezeit (Mai/Juni) ein Erlebnis. Lohnend sind auch Wanderungen am Südufer (Egelsee). Für ausdauernde Wanderer empfiehlt sich der 200 km lange Höhensteig rund um den Millstätter See. Auch ein Radweg führt rund um den See (28 km). Anfang Mai bis Mitte Oktober verbinden Schiffe die Orte am See.

Veranstaltungen

Bei den **Musikwochen Millstatt** (Mai–Okt.) kommen Chor- und Orchesterwerke zur Aufführung (Tel. 04766/202235, www.musikwochen.com) sowie Kammermusik.

Unterkunft

Aristokratisches Flair verströmt das Hotel €€€ **See-Villa** (Millstatt, Seestraße 68, Tel. 04766/ 2102, www.see-villa.at). Auf dem Sonnenplateau über Millstatt bieten Biobauern Urlaub auf dem Bauernhof (www.7biobauern.com).

Information

Infocenter Millstätter See, Kontaktdaten
s. „Information" bei Spittal (linke Spalte).

04 FELDSEE UND AFRITZER SEE

Ein touristischer Geheimtipp ist das in die Nockberge eingebettete Gegendtal mit dem Feldsee (auch Brennsee) und dem Afritzer See. Beide haben ein reichhaltiges Freizeitangebot. Radenthein am nördlichen Talende ist dagegen als Bergbau-Ort wenig attraktiv für Besucher.

Aktivitäten

Rund um die beiden Seen gibt es Jogging- und Nordic-Walking-Strecken. Die „Nocken" beiderseits des Tals sind durch Wanderwege und Aufstiegshilfen erschlossen. Kinder können den Alpenwildpark in Feld am See besuchen (Ma bis Sept., tgl. 9–18; Okt. bis 17 Uhr, Tel. 04246/2776, www.alpen-wildpark.com).

Unterkunft

Der €€ **Lindenhof** ist eine gute Synthese von Hotel, Restaurant und Strandbad (Feld am See, Kirchenplatz 2, Tel. 04246/2274, www.landhotel-lindenhof.at).

Restaurant

Fisch und viel Saisonales findet man beim €€ **Metzgerwirt** in Radenthein (Hauptstraße 22, Tel. 04246/2052, www.metzgerwirt.co.at/).

Information

Tourismusbüro Feld am See, Rathausstraße 25,
A-9544 Feld am See, Tel. 04246/2273,
www.feldamsee.at.

05 BAD KLEINKIRCHHEIM

Bad Kleinkirchheim (1900 Einw.) bietet im Sommer wie im Winter ein abwechslungsreiches Programm. Sport steht im Mittelpunkt. Erholen von den Strapazen kann man sich anschließend in gleich zwei Thermen.

Aktivitäten

Sein 103 Pistenkilometer großes Netz (künstlich beschneibar) und seine Seilbahnen machen Bad Kleinkirchheim zu einem der attraktivsten Wintersportgebiete Kärntens. Beliebteste Sommeraktivität ist Wandern. Besonders lohnend sind Touren im Biosphärenpark Nockberge (www.biosphaerenparknockberge.at). Erholung bieten das Thermal-Römerbad (tgl. 10–20 Uhr) und die Therme St. Kathrein (tgl. 8 bis 20 Uhr, beide Tel. 04240/82820).

Veranstaltungen

Oldtimer-Liebhaber kommen bei der Mitte September ausgetragenen **Internationalen Österreichischen Alpenfahrt Classic-Rallye** auf ihre Kosten (www.alpenfahrt. com).

Umgebung

Wem Fassaden-Wildwuchs und Trubel in Bad Kleinkirchheim nicht behagen, der fährt ins 4 km nördl. gelegene **St. Oswald**, das sich trotz Einbindung in den Ski-Zirkus sein ursprüngliches Ortsbild weitgehend bewahrt hat.

Information

Bad Kleinkirchheim Tourismus, Dorfstraße 30, A-9546 Bad Kleinkirchheim, Tel. 04240/8212, www.badkleinkirchheim.at.

06 TURRACHER HÖHE

Der Höhen-Luftkurort an der Grenze zur Steiermark vereint die landschaftlichen Reize der Nockberge mit Sport und Wellness.

Museum

Unbestrittene Stars des Mineralienmuseums **alpin+art+gallery** sind die Bergkristalle. Die Sammlung umfasst rund 5000 Exponate aus aller Welt (9–17 Uhr, So. Ruhetag, Turracher Höhe 15, Tel. 04275/8233, www.kranzelbinder.at).

Aktivitäten

Auf der beliebten Seen-Runde lernen Wanderer drei Gewässer kennen (Turracher See, Grünsee und Schwarzsee). Die Zirbenwälder, die man durchwandert, bilden den größten zusammenhängenden Bestand dieser Baumart in den Ostalpen. Das Skigebiet umfasst 38 km Pisten. Sommers sorgt die 1,6 km lange Sommerrodelbahn „Nocky-Flitzer" für Nervenkitzel.

Information

Tourismusverein Turracher Höhe, A-8864 Turracher Höhe 218, Tel. 04275/8392, www.turracherhoehe.at.

Nocken und scharfe Kurven

Während die Großglockner-Hochalpenstraße jedem geläufig ist, stellt die Panoramastraße durch die Nockberge beinahe noch einen Geheimtipp dar – ganz zu Unrecht.

„Nocken" heißen im Kärntnerischen auch die Knödel – ein passendes Bild für die sanften Landschaftsformen an der Grenze zwischen Kärnten, Salzburg und der Steiermark. Die Kurven der Nockalm-Straße sind allerdings ähnlich scharf wie am Großglockner: 52

Hier gilt es auf Murmeltiere zu achten.

Kehren sind auf den 34 km zwischen Ebene Reichenau und Innerkrems zu bewältigen.

Die vielen Aussichtspunkte, Ausstellungen und Themen-Spielplätze gebieten ein gemächliches Schau-Tempo. Am Windebensee, der mit seinen knorrigen Zirben das Bild eines Rocky-Mountain-Idylls bietet, informiert beispielsweise ein Naturlehrpfad über die einzigartige Pflanzenwelt der Nockberge. Andernorts machen Schautafeln die Ära des Bergbaus wieder lebendig.

Von der Eisentalhöhe auf 2049 m liegt der eine oder andere rund geschliffene „Knödelberg" zum Greifen nahe. Auf den Gipfelplateaus tun sich Rinder und Haflinger-Pferde an den saftigen Gräsern gütlich. Für das leibliche Wohl der zweibeinigen Besucher der Nockberge tragen insgesamt neun Jausenstationen Rechnung – das heißt eine alle 5 km. Und dann heißt es wieder: Den ersten Gang eingelegt und ran an die nächsten Spitzkehren!

WEITERE INFORMATIONEN

Die Nockalm-Straße ist von Anfang Mai bis Ende Oktober geöffnet. Für eine PKW-Tageskarte sind 16 € zu entrichten, eine Motorrad-Tageskarte schlägt mit 9 € zu Buche (die Entgelte für Ausstellungen, Parken sind darin bereits enthalten).

Auskunft (Straßenzustand usw.): Informationsstelle Kasse Innerkrems Tel. 04736/265 Informationsstelle Kasse Ebene Reichenau Tel. 04275/7494

www.nockalmstrasse.at/, www. biosphaerenparknockberge.at

Natur pur in den Ostalpen

Geschichte schrieben im Nordwesten Kärntens schon immer die Pioniere: solche, die den steilen Wiesen mühsam eine Existenz abrangen, beim Goldschürfen und Saumhandel im Hochgebirge Kopf und Kragen riskierten, die die Hohen Tauern im 19. Jahrhundert als Abenteuerspielplatz entdeckten. Die Pioniere des 20. Jahrhunderts trieb dagegen der Vorsatz, diese einzigartige Naturregion für die Nachwelt zu erhalten. Österreichs höchster Gipfel und der größte Gletscher der Ostalpen sind nur einige der Höhepunkte einer Fahrt ins Obere Mölltal und über die Großglockner-Hochalpenstraße.

Am Mölltaler Gletscher: Das einzige Gletscher-Skigebiet Kärntens bietet Schneesicherheit von Oktober bis Mai.

Vielfalt rund um den Großglockner: Im Goldgräberdorf „Alter Pocher" gilt, früh übt sich, was ein echter Digger werden will (links); bäuerliches Leben vor eindrucksvoller Kulisse (rechts); Steinböcke an der Kaiser-Franz-Josefs-Höhe (unten links) und Wandern bei Großkirchheim.

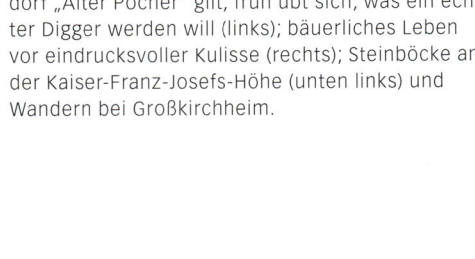

In kniehohen Gummistiefeln stehen kleine und große Schatzsucher im Fleißbach, der bei Heiligenblut der Möll entgegenplätschert. Rhythmisch schwenken sie ihre Pfannen, kippen Steine und Schlamm wieder zurück in den Bach. Was übrig bleibt, beäugen sie kritisch. Und manchmal leuchtet ihnen tatsächlich ein Plättchen Gold entgegen. Noch immer ist das gelbe Edelmetall, das das Mölltal einst zu einer der reichsten Gegenden Europas machte, in den Bächen und Flüssen zu finden. Im Goldgräber-Erlebnisdorf „Alter Pocher" wird Goldwaschen als Familienabenteuer zelebriert, ohne die historische Realität zu verschweigen. Das Freilichtmuseum auf 1800 m vermittelt seinen Besuchern an-

Bekannt waren die großen Goldvorkommen in den Hohen Tauern schon den Kelten

schaulich, mit welchen unsäglichen Mühen vor rund 500 Jahren den Bergen Gold abgetrotzt wurde. In weit über 2000 m Seehöhe schufteten damals die Knappen in Stollen, die sie tief hinein in den Berg trieben. Das Erz, das sie mit Eisen und Schlegel aus dem Fels brachen, beförderten sie im Winter in Säcken aus Schweinshaut oder Hundefell in halsbrecherischer Fahrt zu Tal. Dort wurde das Erz dann im Bruchhof zerkleinert, im Röststadel durch Hitze gesprengt und im Pochwerk von wassergetriebenen Hämmern zerstampft, bevor man das Gold schließlich mithilfe von Quecksilber vom tauben Gestein schied.

NACH DEM GOLDRAUSCH

Bekannt waren die großen Goldvorkommen in den Hohen Tauern schon den Kelten. Vom antiken Geschichtsschreiber Polybios ist ein Bericht überliefert, wonach in den Norischen Alpen der Boden so ergiebig an Gold gewesen sei,

In der Nähe von Großkirchheim: Alpinreiten in einmaliger Kulisse

In zahlreichen Serpentinen führt die unvergleichliche Großglockner-Hochalpenstraße von Kärnten ins Salzburger Pinzgau.

Die gotische Wallfahrtskirche St. Vinzenz in Heiligenblut gehört zu den (nicht nur fotografisch) herausragenden Motiven entlang der Großglockner-Hochalpenstraße.

Der Naturlehrweg Gamsgrube, der an der Kaiser-Franz-Josefs-Höhe beginnt, ermöglicht einen grandiosen Panoramablick auf den Pasterzengletscher.

dass man kaum zwei Fuß tief graben musste, um auf Nuggets zu stoßen. Zu seiner Hochblüte vom späten 15. bis ins 17. Jahrhundert hielt der Goldbergbau Tausende Knappen in Dutzenden von Zechen in Lohn und Arbeit. Zeitweise dürfte ein Zehntel bis zu einem Viertel der weltweiten Goldproduktion aus den Tauern gekommen sein. Doch allmählich versiegten die Adern, gegen Ende des 17. Jahrhunderts war die Goldgewinnung nicht mehr rentabel. Eine um die andere Zeche wurde aufgegeben, während das Mölltal in einen Dornröschenschlaf versank und des einstigen Reichtums nur mehr in seinem Sagenschatz gedachte.

MYTHOS GROSSGLOCKNER-HOCHALPENSTRASSE

In Dutzenden Kehren durchquert die 48 km lange Großglockner-Hochalpenstraße von Heiligenblut in Kärnten nach Bruck im Salzburger Pinzgau alle Vegetationszonen des Alpenraums, passiert blühende Bergwiesen und Gletscher, überbrückt tosende Bäche und schlängelt sich vorbei an Wasserfällen – kurz: Sie erschließt einen Naturraum, der ansonsten nur ausdauernden Bergsteigern oder Wanderern offensteht. 37 Dreitausender und 19 Gletscher lassen sich von ihrem höchsten Punkt, der 2571 m hohen Edelweißspitze, ausma-

chen. Mehr als 60 Mio. Besucher haben die Hochalpenstraße, die 2010 ihr 75-jähriges Jubiläum feierte, mit Autos, Bussen oder Motorrädern bisher befahren – eine Goldgrube für die Betreibergesellschaft. Nur die Radfahrer kommen ohne Maut davon. Lästermäuler meinen, diese seien mit ihrem strapaziösen Hobby schon genug gestraft …

EWIGES EIS – AUF DEM RÜCKZUG

Von der am Endpunkt einer Stichstraße der Großglockner-Straße gelegenen Kaiser-Franz-Josephs-Höhe genießt man den wohl schönsten Ausblick ganz Kärntens. Tief unten fließt das Eis des Pasterzengletschers, 1700 m darüber thront der eisgepanzerte Großglockner.

Seit Beginn der Messungen im Jahr 1852 hat sich der Pasterzengletscher um 3 km zurückgezogen – allein 2012 um 100 Meter – und genug Substanz verloren, um zweieinhalbmal den Wörthersee zu füllen.

Dass Österreichs Paradegletscher immer rasanter schmilzt, daran hat auch der vom Menschen verursachte Klimawandel einen Anteil. Pessimisten sagen voraus, dass Besucher gegen Ende des Jahrhunderts gar keinen Gletscher mehr zu Gesicht bekommen werden. Kein Wunder, dass sich „Gletscher-Heiler" Gedanken machen, wie Österreichs Eisströme als Wasserreservoirs und als tourismusförderliches Landschaftsbild gerettet werden können. Die Abde-

Seit 1852 hat sich der Pasterzengletscher 3 km zurückgezogen

Im Jahr 1800 wurde Österreichs höchster Berg (3798 m) von einer Seilschaft im Auftrag des Gurker Bischofs erstmals bezwungen. Doch wo sich vor 200 Jahren eine beinahe bis an den Rand mit Eis gefüllte Wanne erstreckte, ist heute nur ein von viel Fels und Schutt umrahmtes Gletscher-Rinnsal zu sehen.

ckung großer Gletscherflächen im Sommer mit „Frischhaltefolien" ist ebenso getestet worden wie eine Methode mit Wassereinspritzung. Am Pasterzengletscher ist allerdings noch nichts davon ausprobiert worden: Dieser Gletscher steht nämlich unter strengem Naturschutz. Und schenkt man einem Heili-

Der rund 400 Jahre alte Mentlhof bei Heiligenblut bietet ein idyllisches Bild (ganz oben), doch die Arbeit auf den Bergbauernhöfen ist auch heute noch hart (rechts) – Zeit, ein Edelweiß (oben) zu bestaunen, haben daher meist nur die Besucher.

Beeindruckendes Naturwunder: die Raggaschlucht bei Flattach

Rasant: Rafting auf der Möll. Der am Großglockner entspringende Fluss gab auch dem Tal seinen Namen.

Pilgerreise zum „heiligen pluet"

Die „Pinzgauer Wallfahrt" führt am 28. Juni von Fusch im Salzburgischen über das Hochtor, den mit 2503 m höchsten Punkt der Durchzugsstraße, hinab nach Kärnten. Auf ihrem Fußweg legen die Pilger immerhin ungefähr 30 km und ordentlich Höhenmeter zurück. Ziel ist die Wallfahrtskirche von Heiligenblut.

Einer Legende zufolge errichtete man das Gotteshaus genau an jener Stelle, wo im 9. Jahrhundert ein dänischer Prinz namens Briccius bestattet wurde. Als er auf dem Rückweg aus dem Orient im Gebiet der Pasterze in einem Schneesturm ums Leben kam, führte er eine Phiole mit dem Blut Christi bei sich. Der Reliquie des „heiligen pluet" und dem in der Krypta der Kirche bestatteten Edelmann gilt seitdem die Verehrung der Pilger.

genbluter Bergführer Gehör, so ist alles halb so schlimm. Dass die Pasterze der Sonne zu stark ausgesetzt sei, könne er angesichts der Menschenmassen, die sich im Sommer am Gletscher bewegen und „mehr als genug" Schatten werfen, gar nicht glauben, feixt er.

AUF URALTEN HANDELSWEGEN

Zwei Jahrtausende vor den Touristen in ihren rollenden Untersätzen nutzten bereits die Kelten den Weg über das Hochtor und andere Tauern-Übergänge. Ihnen folgten die Römer und später die Säumer. Mit Salz, Leder und Loden ging es bis nach Udine in Italien, mit Wein, Öl und anderer „Venezianer-Ware" machten sie sich dann wieder auf den Rückweg in den Norden. Heute organisiert der Nationalpark Hohe Tauern im Sommer geführte Wanderungen auf den alten Säumerrouten.

ERSTER NATIONALPARK ÖSTERREICHS

Dass der höchste Berg Österreichs zum Kern des Nationalparks Hohe Tauern wurde, ist maßgeblich dem Villacher Albert Wirth zu verdanken, einem Holzindustriellen, der auf einer USA-Reise den Yellowstone-Nationalpark besuchte und den Naturschutz-Pionier John Muir kennenlernte. Im Jahr 1918 erstand er ein 40 km² großes Gebiet um den Glock-

ner und schenkte es dem Österreichischen Alpenverein mit der Auflage, es für die Nachwelt zu bewahren. Heute ist der Nationalpark Hohe Tauern mit rund 1800 km² der größte Nationalpark Mitteleuropas.

PIONIERE IM ARTENSCHUTZ

Abends haben Naturfreunde unter Führung eines Nationalpark-Rangers die besten Chancen, Steinböcke zu beobachten. Die wenigen Exemplare, die im italienischen Gran Paradiso dem Ausrottungsfeldzug im 19. Jahrhundert entgangen waren, sind die Urahnen der jetzigen, stattliche 160 Stück umfassenden Steinwild-Population um die Kaiser-Franz-Josefs-Höhe.

Auch die heute omnipräsenten und wohlgenährten Murmeltiere feierten ihr Comeback in den Hohen Tauern erst im 20. Jahrhundert. Die jüngste Erfolgsstory in Sachen Artenschutz betrifft den Bartgeier, der einst aus dem gesamten Alpenbogen verschwunden war. Seit 1986 wurden Dutzende dieser Greifvögel im Nationalpark ausgewildert. Die Chance, einen Steinadler vor die Linse zu bekommen, ist aber immer noch größer: 42 Brutpaare werden im Nationalpark gezählt. Kein anderes Lebewesen verkörpert die Größe und Einzigartigkeit der Hohen Tauern besser als der „König der Lüfte".

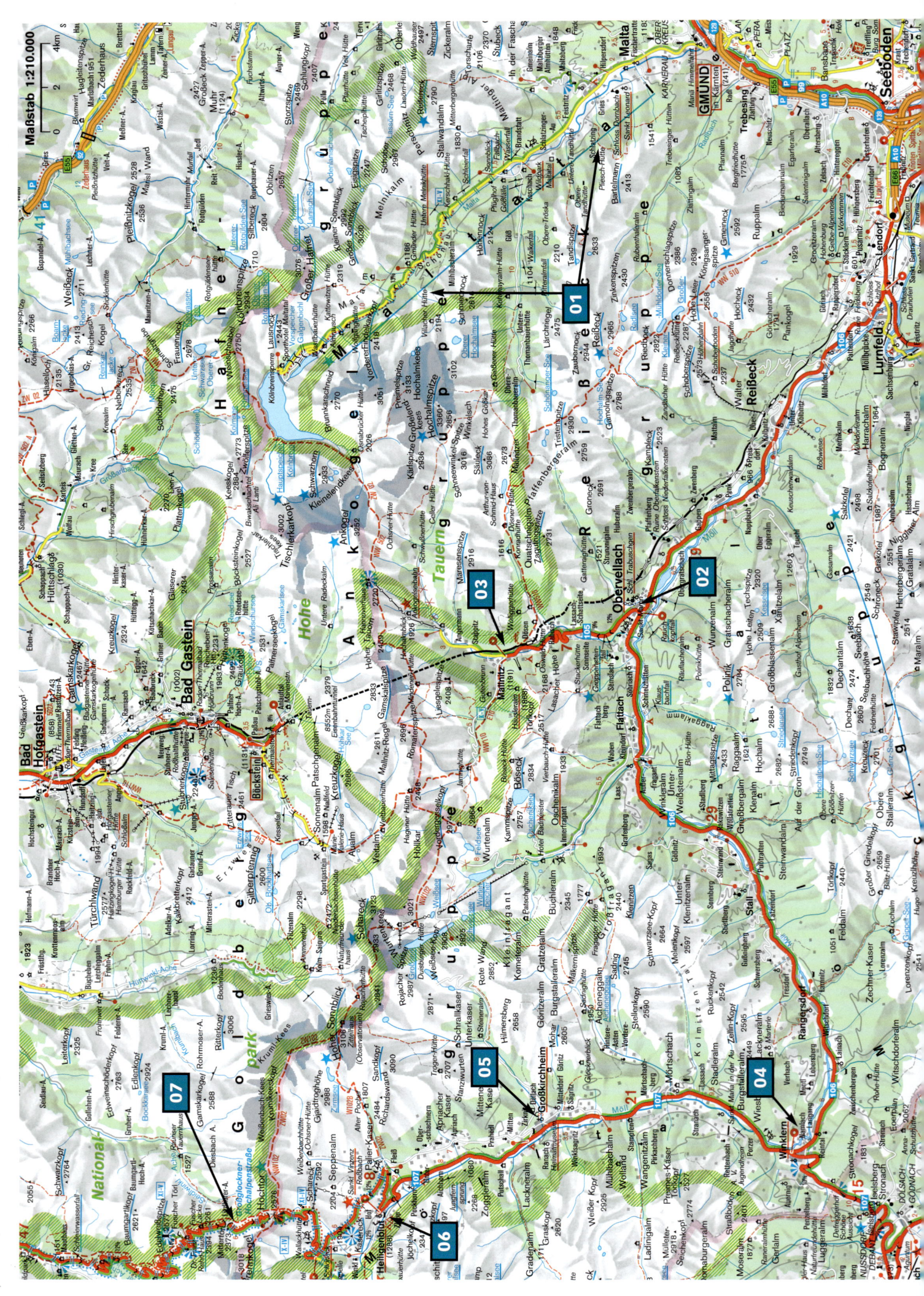

Infos

Im Reich der Wasserfälle und Alpenstraßen

Die Großglockner-Hochalpenstraße ist hier natürlich im wahrsten Sinne des Wortes der Höhepunkt. Doch auch die Täler haben einiges zu bieten: großartige Wasserfälle und wild-verwegene Schluchten, die man sich erwandern kann.

01 MALTATAL

Einen guten Einstieg in die Wunderwelt der Hohen Tauern bietet das Maltatal. Im Norden von der Ankogel- und Hafnergruppe und im Süden von der Reißeckgruppe eingerahmt, trägt es wegen seiner vielen Wasserfälle den Beinamen „Tal der stürzenden Wasser". Ausgangspunkt ist Gmünd, der Hauptort des Tals heißt Malta.

Sehenswert

Von Koschach windet sich die 18 km lange, mautpflichtige Malta-Hochalmstraße (Mitte Mai–Mitte Okt.) hinauf zum Kölnbreinspeicher. Unterwegs passiert man zahlreiche Wasserfälle. An der Krone der Staumauer in 1933 m Höhe warten ein Erlebniszentrum, ein Restaurant und ein Wanderweg. Wer keine Platzangst hat, nimmt an der Führung in den „Bauch" der mit 204 m höchsten Staumauer Österreichs teil.

Aktivitäten

Von Koschach führt eine schöne Wanderung in den Gößgraben. Dieses Hochgebirgstal ist für seine Wasserfälle und seine außergewöhnliche Vegetation (Laubwälder bis in 1500 m Höhe) bekannt. Spektakulär ist der Blick, der sich von der Gießener Hütte in Richtung der 3360 m hohen Hochalmspitze auftut. Eine breite Palette von Outdoor-Aktivitäten bietet **Maltatal-Alpin** (Malta 26, Tel. 04733/286, www.maltatal-alpin. at) an. Das dazugehörige Gästehaus Hubertus kümmert sich um alles für Wanderer und Bergsteiger. Für Kinder ein Highlight: Der **Wasserspielepark** am Fallbach-Wasserfall (Mai–Okt., www.erlebnispark-fallbach.at).

Unterkunft

Der **€€ Malteiner Hof** (Malta 39, Tel. 04733/206, www.malteinerhof.at) bietet im Sommer geführte Touren an.

Information

Ferienregion Maltatal, A-9854 Malta 13, Tel. 04733/22015, Fax 04733/22017, www.maltatal.com.

02 OBERVELLACH

Bereits am Unterlauf der Möll (Möllbrücke bis Obervellach) finden Besucher in der Reißeck- und der Kreuzeckgruppe abwechslungsreiche

Der Herbst entfaltet entlang der Malta-Hochalmstraße seine ganze Farbenpracht.

Wandergebiete vor. Den Einstieg erleichtern Seilbahnen.

Aktivitäten

Ein Wanderweg verbindet die Burgen um Obervellach (nicht öffentlich zugänglich): **Niederfalkenstein** (liegt pittoresk an einer Eisenbahnbrücke), **Groppenstein** und **Schloss Trabuschgen**. Von Kolbnitz aus geht es per Standseil- und Schmalspurbahn in 2319 m Höhe, Ausgangspunkt für Touren in die Reißeckgruppe.

Umgebung

Rafting- und Canyoning-Abenteuer veranstaltet der **Club Aktiv Mölltal** in Flattach 6 km westlich (Flattach 25, Tel. 04785/410, www. cam.at). Ein geologischer Lehrpfad erschließt die wildromantische **Raggaschlucht** (Mitte Mai–Anf. Okt., 10–16 bzw. 17 Uhr, Tel. 04785/615, nur mit gutem Schuhwerk). Wintersportler kommen auf dem **Mölltaler Gletscher** 15 km nordwestlich von Obervellach auf ihre Kosten. Das einzige Gletscher-Skigebiet Kärntens mit 53 km Pisten verspricht Schneesicherheit von Oktober bis Ostern. (Innerfragant 46, Tel. 04785/8110, www.gletscher.co.at).

Information

Hohe Tauern, Info- & Buchungscenter Obervellach, Obervellach 58, A-9821 Obervellach im Mölltal. Tel. 04824/270030, www.obervellach.at.

03 MALLNITZ

Der von einem majestätischen Talschluss eingerahmte Luftkurort Mallnitz ist – wie man schon an den Repräsentativ-Bauten im rusti-

kal-alpenländischen Stil erkennen kann – schon seit Jahrzehnten ein beliebter Platz für Sommerfrischler. Hier taucht die Bahnstrecke unter das Tauernmassiv ein, um im salzburgischen Gasteinertal wieder aufzutauchen.

Museum

Das **BIOS-Nationalparkzentrum** entführt in die faszinierende Kleintier- und Pflanzenwelt der Hohen Tauern. Überraschungen kommen nicht zu kurz: z. B. dass in Wärmeinseln des Gebirges sogar Skorpione leben. Mit interaktiven Stationen wird diese oft übersehene Seite des Nationalparks kindgerecht präsentiert (15. April–6. Oktober, tgl. 10–18 Uhr, Mallnitz 36, Tel. 047 84/701, www.bios-hohetauern.at).

Tipp

Wandergenuss per Bus

Seit Sommer 2010 erleichtert im Kärntner Teil des Nationalparks Hohe Tauern ein Wanderbus das Vorankommen. 13 Gemeinden von Mallnitz bis Heiligenblut beteiligen sich an dem ausgeklügelten Projekt, das mehr als 30 Ausflugsziele erschließt und sogar Querungen der Tauern, z. B. von Malta nach Mallnitz, ermöglicht. So lassen sich Übernachtungen sparen; und auch dem Klima tut es gut, wenn der Individualverkehr in den Alpentälern reduziert wird.

www.nationalpark-hohetauern.at/ wanderbus

Infos

Aktivitäten

Das 1200 m hoch gelegene Mallnitz ist Ausgangspunkt für Wanderungen aller Schwierigkeitsgrade (insgesamt 200 km). Eine leichte, als Naturlehrpfad konzipierte Tour führt ins Seebachtal, eine sehr anspruchsvolle auf den Ankogel (3252 m). Viele Hochgebirgstouren erschließt die **Ankogel-Seilbahn** (Sommer: Juli bis Sept., tgl. 8.30–12, 13–16.30 Uhr). Wintersportler finden dort sichere Schneeverhältnisse vor.

Unterkunft

Als Mitglied der Europa-Wanderhotels ist das **€€ Hotel Alber** (Tel. 04784/525, www. ferienhotel-alber.at), ideal für Outdoorfreunde.

Information

Hohe Tauern, Service-Center Mallnitz, A-9822 Mallnitz 11, Tel. 04824/270040, www.mallnitz.at.

04 WINKLERN

Bei Winklern – früher ein wichtiger Handelsplatz an der Tauernroute – macht die Möll ei-

Tipp

Der Glockner ruft!

Den Großglockner (3798 m) möchte wohl jeder Alpinist einmal besteigen. Traditionell lässt er sich von zwei Seiten angehen: von Kals in Osttirol oder von Heiligenblut in Kärnten. Die klassische Kärntner Route führt in zwei Etappen auf den höchsten Berg Österreichs. Übernachtet wird meist auf der Erzherzog-Johann-Hütte (Adlersruhe, 3451 m). Von dort geht es die letzten 347 Höhenmeter hinauf. Zur Seite stehen einem dabei die Bergführer von Heiligenblut. Gute Kondition und alpine Erfahrung sind Voraussetzung.

Bergführer-Büro im Info- & Buchungscenter Heiligenblut, Hof 4, Tel. 04824/27007.

---

nen Schwenk nach Norden. Eine Straße führt über den Iselsberg nach Lienz in Osttirol.

Sehenswert

Im renovierten **Mautturm** aus dem 14. Jh. wird der Sage um den Tauernwurm untersucht, der über die Gold- und Mineralienschätze des Hochgebirges wachen soll. Eine weitere Ausstellung widmet sich den Jägern eben dieser Schätze: den Mineraliensuchern bzw. „Strahlern", wie sie hier genannt werden (Mai, Sept., Okt., tgl. 10.30–16 Uhr, Juni, Juli, Aug., tgl. 9.30–17 Uhr). Am nahen Riegersbach ist eine **Venezianer-Säge** zu besichtigen.

Aktivitäten

Eine familientaugliche Wanderung mit schönen Panoramen führt zur Winklerner Alm in 1843 m Höhe (Juni–Ende Sept.).

Information

Tourismusbüro, A-9841 Winklern 9, Tel. 04822/22720, www.winklern.at.

05 GROSSKIRCHHEIM

Die Gemeinde ist Sitz der Nationalparkverwaltung Kärnten und eine Alternative für jene, die Heiligenblut zu touristisch finden.

Sehenswert

Der Mythos Tauerngold wird im **Putzenhof** beleuchtet (Juni–Mitte Okt., 10–18 Uhr, Döllach 83, Tel. 04825/205). Das um 1530 errichtete **Schlössl**, ein schönes Relikt aus den „Goldenen Zeiten" des Mölltals, ist in Privatbesitz.

Aktivitäten

Ein altes Zentrum des Goldbergbaus erschließt der Wanderweg in das Große **Zirknitztal**. Die spektakuläre Hochgebirgslandschaft des **Gradentals** (Schobergruppe) erschließt ein Naturlehrweg bei Putschall.

Unterkunft

Gute Küche und urigen Komfort in individuell gestalteten Zimmern findet man beim **€€ Schlosswirt** (Döllach 100, Großkirchheim, Tel. 04825/26761, www.schlosswirt.net).

Restaurant

Kasnudeln und Wildwurst schmecken im **€ Almgasthaus Glocknerblick** besonders gut. Der Name ist Programm (Anfahrt über Großkirchheim, Tel. 04825/540, www.almgasthaus-glocknerblick.at).

Information

Hohe Tauern, Tourismusinformation Großkirchheim, Döllach 47, A-9843 Großkirchheim,

---

Tel. 04825/521, www.nationalpark-hohetauern.at.

06 HEILIGENBLUT

Kein anderer Ort Kärntens liegt landschaftlich so spektakulär wie Heiligenblut (1100 Einw.). Als Tor zur Großglockner-Hochalpenstraße ist das einst beschauliche Bergdorf im Oberen Mölltal ein Touristenmagnet geworden.

Sehenswert

Wahrzeichen Heiligenbluts ist die gotische Wallfahrtskirche **St. Vinzenz** (1491) mit ihrem spitzen Turm. Sie beherbergt die Reliquie mit dem heiligen Blut, die dem Ort seinen Namen gab, und das Grab des Briccius. Aus der Zeit um 1520 stammt der dreiflügelige Hochaltar aus der Schule Michael Pachers. Auf dem **Glockner-Friedhof** haben auch viele Bergtote ihre letzte Ruhe gefunden.

Aktivitäten

Vom Zentrum führt eine Seilbahn auf das 2592 m hohe **Schareck** (Sommerbetrieb ab Ende Juni). Die Bergstation ist Ausgangspunkt für viele Wanderungen (u.a. Geotrail Tauernfenster) und bietet an schönen Tagen einen herrlichen Blick bis zu den weit entfernten Alpen-Größen Dachstein, Triglav und Watzmann. Im Winter erschließen Aufstiegshilfen ein 55 km umfassendes Pistennetz um Heiligenblut.

Unterkunft

Komfortable Zimmer, ein gutes Restaurant und ein Wellness-Bereich bietet der **€€€ Glocknerhof** (Tel. 04824/2244, www. glocknerhof.info).

Umgebung

Kurz vor Heiligenblut passiert man mit dem hohen Jungfernsprung einen der imposantesten Wasserfälle des Mölltals (Fallhöhe 130 m). Der Weiler **Apriach** 6 km südlich von Heiligenblut beeindruckt durch seine uralten Höfe und malerischen Stockmühlen (frei zugänglich). Im knapp 400 Jahre alten **Mentlhof** nebenan wird das harte Leben der Bergbauern dokumentiert (Führungen Fr. 12, 14 und 16 Uhr, oder auf Anfrage, Tel. 04824/2527). Das Goldgräberdorf **Alter Pocher** im Kleinen Fleißtal 3 km östlich von Heiligenblut führt zurück in die Epoche des Tauerngoldes. Gegen Leihgebühr für die Ausrüstung darf man sich als Goldsucher betätigen (Juni–Sept., tgl. 10–17 Uhr, Tel. 04824/2700).

Information

Info & Buchungscenter Heiligenblut am Großglockner, Hof 4, A-9844 Heiligenblut, Tel. 04824/2700, www.heiligenblut.at.

DuMont Aktiv

07 GROSSGLOCKNER-HOCHALPENSTRASSE

Die von 1930 bis 1935 gebaute, 48 km lange **Großglockner-Hochalpenstraße** ▶**TOPZIEL** verbindet Heiligenblut mit Bruck im Salzburger Pinzgau und ist der Panorama-Höhepunkt Kärntens. Die Route erschließt auch viele Aussichtspunkte. Besucherzentren, Ausstellungen und Schautafeln informieren über die Geschichte und die Kulturlandschaft des Oberen Mölltals, über Flora und Fauna sowie andere Aspekte des Nationalparks Hohe Tauern.

Sehenswert

Erster Aussichtspunkt ist das **Kasereck** auf 1911 m Höhe, wo eine Alm- und Schaukäserei ihr Geschäft betreibt. Ein botanischer Rundwanderweg am **Schöneck** (auf der Stichstraße zur Pasterze) zeigt die Blumenpracht und Insektenvielfalt der Glocknerwiesen. Nächster Stopp ist das Alpincenter Glocknerhaus am **Margaritzen-Speicher**, ehe man die **Kaiser-Franz-Josefs-Höhe** (2369 m) erreicht. Das dortige Besucherzentrum (10–17 Uhr, Tel. 04824/24612) bietet eine mehrere Etagen umfassende Glockner-Ausstellung (Kino, Glockner-Panorama u. v. m.). Gekommen sind die Besucher aber wegen der unvergleichlichen Ausblicke auf die **Pasterze**, den längsten Gletscher der Ostalpen, und den 3798 m hohen Großglockner. Zurück auf die Durchgangsstraße: Am **Hochtor**, ihrem mit 2503 m höchsten Punkt, verläuft die Landesgrenze zwischen Salzburg und Kärnten. Hier wird die Geschichte des historischen Handelsweges über den Alpenhauptkamm dokumentiert. Schönste Aussichtspunkte auf der Salzburger Seite sind das Fuscher Törl und die über eine Stichstraße erreichbare **Edelweiß-Spitze** (2571 m) mit ihrem Panoramablick auf mehr als 30 Dreitausender. Entlang der Route sorgen 15 Gasthäuser für die jährlich etwa 1 Mio. Straßenbenutzer.

Aktivitäten

Im Sommer bietet das Besucherzentrum Kaiser-Franz-Josefs-Höhe geführte Wanderungen und Naturexkursionen an. Tiere und Alpinisten kann man mittels High-Tech-Optik von der etwas oberhalb gelegenen **Wilhelm-Swarovski-Beobachtungswarte** in Augenschein nehmen. Nur für Geübte zu empfehlen ist die sieben Tage dauernde Umrundung des Großglockners.

Information

Die Großglockner-Hochalpenstraße ist von Anfang Mai–Ende Okt. geöffnet. Es gilt eine Nachtsperre. Tageskarte PKW 33 €. Über den Straßenzustand gibt die **Informationsstelle Ferleiten Auskunft** (Tel. 06546/650). Weitere Auskünfte: www.grossglockner.at.

Auf den Spuren der Eiszeit

Die Pasterze ist nicht nur der größte Gletscher der Ostalpen, sondern wohl auch der am besten erschlossene. Ein alpiner Steig führt hinab ins kalte Herz der Hohen Tauern.

Obwohl er seit Beginn der Messungen vor gut 160 Jahren beinahe um die Hälfte abgeschmolzen ist, lässt der 9 km lange Eisstrom seine Kraft von Weitem spüren: Als eisiger Hauch, der dem Wanderer entgegenweht. Dunkle Einsprengsel entpuppen sich als Steine, die auf dem Eispanzer mitschwimmen; Risse verbreitern sich in der Nahbetrachtung zu

Kaiser-Franz-Josefs-Höhe mit Pasterze

Spalten, die aus der Tiefe bläulich leuchten. Die Auswirkungen der Klimaänderung vor Augen führt der Blick vom „ewigen Eis" nach oben: Deutlich ist an den Moränenwällen zu erkennen, dass das Eis in der Gletscherwanne einst Hunderte Meter oberhalb des jetzigen „Füllstandes" lag.

GEBURT EINES FLUSSES

Die beeindruckende Wanderung verbindet Naturerlebnis mit landschaftlichen Höhepunkten. Der Großglockner und weitere Prachtgipfel stehen Spalier für die Pasterze, die sich aus den Firnfeldern jenseits des gewaltigen Hufeisenbruchs nährt. Wer den Eisstrom begleitet, wird zudem Zeuge einer Geburt: Aus der mächtigen Gletscherzunge schäumt schlammig der junge Möllfluss. Ihm kann man dann ein Stück zum Glocknerhaus folgen oder aber zur Kaiser Franz-Josefs-Höhe zurückkehren. Abkürzen lässt sich der Aufstieg mit der (kostenpflichtigen) Gletscherbahn.

WEITERE INFORMATIONEN

Ausgangspunkt für die Wanderung ist die Kaiser-Franz-Josefs-Höhe. Die Wanderung erfordert auf jeden Fall festes Schuhwerk und ist auch für etwas ältere Kinder geeignet. Im Sommer bietet der Nationalpark Hohe Tauern zudem noch geführte Touren am Gletscherweg Pasterze an (jeweils Di., 10 Uhr, ab Alpincenter Glocknerhaus).

Anmeldung und Auskünfte

Info & Buchungscenter Heiligenblut, Hof 4, Tel. 04824/2700, http://nationalpark-hohetauern.at

Freizeit-
paradies für
alle Sinne

*Lang gezogene Täler, wilde Flüsse und zer-
klüftete Bergzüge bestimmen die Topografie
im Südwesten Kärntens. In der „Naturarena"
der Karnischen Region ist für Klettern, Ski-
fahren und Rafting ebenso Platz wie für
Wandern, Fischen und Erholen. Mit dem
Lesachtal und dem Weißensee finden sich
gleich zwei Urlaubsziele, die als Inbegriff
für sanften Tourismus gelten. Das Gailtal
wiederum ist für seine guten Restaurants
und Spezialitäten bekannt. Auf Schritt und
Tritt begegnet Besuchern hier noch unverfälschtes Brauchtum.*

Im Winter sind die Berge fest in der Hand von Skifahrern, die z. B. in
der Tressdorfer Ski Area moderne Pisten und Seilbahnen vorfinden.

Sommerliche Badefreuden am Weißensee

Erkunden Sie die Urlaubsidylle am Weißensee: entweder mit dem Ruderboot beispielsweise bei Techendorf …

… oder mit einem Ausflugsschiff, das zwischen Gatschach und Ortsee verkehrt.

I
m Januar präsentiert sich der Weißensee wie eine der berühmten Winterlandschaften von Pieter Bruegel dem Älteren. Als der flämische Maler im 16. Jahrhundert Panoramen seiner Heimat schuf, die dick vermummte Menschen bei den Vergnügungen des Eislaufens zeigten, konnte er nicht ahnen, dass Generationen später seine Landsleute durch halb Europa reisen würden, um ihrem Nationalsport auf einem Kärntner See zu frönen. In den späten 1980er-Jahren – schon damals ließen milde Winter die Ausrichtung ihrer legendären „Elf-Städte-Tour" über die Grachten kaum mehr zu – entdeckten niederländische Urlauber den Weißensee als alternatives Eislaufparadies. Heute beschert der Eislauf dem Weißensee als einzigem Kärntner See eine zweite Tourismussaison.

Wenn der Eismeister sein Okay gegeben hat, dürfen die Eisläufer losflitzen. Runde um Runde drehen sie auf Europas größter Natureisfläche, bis sie nach 50, 100 oder sogar 200 km die Zielflagge sehen. Sie teilen sich das spiegelglatte Parkett mit Eisstockschützen, Eishockey-Spielern, Wanderern und Pferdeschlitten. Dass bei so viel Eis und Frost auch Glühwein-Stände ihre Berechtigung haben, versteht sich von selbst. Doch Vorsicht, das Heißgetränk macht das Eis gern noch glatter!

MALERISCHE KOMBINATION

Schwer zu glauben, dass die Sonne den mit 40 cm Eis bedeckten See nur wenige Monate später bis auf stattliche 24 °C aufzuheizen vermag. Dabei ist der Weißensee der mit Abstand höchstgelegene Badesee Kärntens (930 m). Seinen Namen verdankt er dem hellen, mit feinem Kalkschlamm bedeckten Uferbereich, den die Einheimischen als „Weiße" bezeichnen. Dabei tendiert die Farbe des Wassers mehr ins Türkise und Dunkelblaue, besonders an seiner wilden Ostseite, wo die Klippen wie an einem norwegischen Fjord jäh abfallen.

Knapp zwei Drittel des Seeufers sind bis heute unverbaut. Hotels und Pensionen, allesamt übersichtlich dimensio-

den Straße am Nordufer ab. Die Europäische Union honorierte die bewusste Maßhaltung im Jahr 1995 mit dem „Europäischen Preis für Umwelt und Tourismus". Als Geheimtipp geht der Weißensee zwar nicht mehr ganz durch – zu groß ist die Zahl der Tagesgäste, die sich an Sommertagen durch das beschauliche Techendorf wälzen. Doch die Ruhe am See und die malerische Kombination aus Wasser und Bergen, die macht ihm vielleicht nur der Millstätter See streitig.

AUF PAOLO SANTONINOS SPUREN

Eine der wichtigsten Quellen über das spätmittelalterliche Kärnten sind die Reisetagebücher des Italieners Paolo

Runde um Runde drehen die Eisläufer auf Europas größter Natureisfläche.

niert, halten Abstand zur Wasserlinie, die immer wieder von Badehütten, Stegen und Schilfinseln aufgelockert wird. Die Idylle wollten sich die Anwohner nicht zuschanden machen lassen und lehnten das Projekt einer durchgehen-

Santonino. In den Jahren 1485 bis 1487 begleitete Santonino den Bischof von Caorle auf Pastoralreisen durch das Land unterhalb der Drau, das kirchenrechtlich bis ins 18. Jahrhundert dem Patriarchat Aquileia im Friaul unter-

Harte Fron bei Frohn – im Lesachtal werden die Wiesen und Almen mitunter noch mit traditionellen Methoden bewirtschaftet.

Ein Tipp für Wanderfreunde: Lassen Sie sich auf 1638 m beim Hüttenwirt der Watschiger Alm auf der „Sonnenalpe Nassfeld"
ein deftiges Vesper schmecken.

Es ist angerichtet: Glückliche Kühe fressen im Sommer das Gras direkt von der Weide, …

… in den Wintermonaten bekommen sie es dagegen in getrockneter Form präsentiert.

Special THOMAS VON VILLACH

Klein, aber oho

Ihre kulturellen Schätze präsentieren die Täler Südwestkärntens erst bei genauerem Hinsehen.

Ein gutes Beispiel für die versteckten Kleinode ist der Weiler Gerlamoos bei Steinfeld im Drautal, wo in einem Kirchlein mitten im Wald einer der schönsten und lebendigsten Freskenzyklen Österreichs zu finden ist. Er zeigt die Legende des heiligen Georg sowie das Leben Christi und wurde von Thomas von Villach (1435/40–nach 1520) geschaffen, einem herausragenden Vertreter der alpenländischen Fresko- und Tafelmalerei des ausgehenden Mittelalters. Geboren wurde der Meister, der mit bürgerlichem Namen Thomas Artula hieß, in Thörl-Maglern an der Grenze zu Italien. In der dortigen Pfarrkirche befindet sich ein weiteres seiner Hauptwerke: ein Freskenzyklus mit einem sogenannten lebenden Kreuz.

stand. Die ursprünglich auf Latein verfassten Aufzeichnungen schildern so detailliert wie kaum eine andere Quelle das Reisen im Mittelalter. Santonino interessierte sich aber auch sehr für die Gebräuche und Essgewohnheiten der Kärntner. Manche der von ihm aufgeschriebenen Rezepte feiern heute – für den modernen Geschmack adaptiert – eine Renaissance. Es lohnt sich also, auf den Speisekarten der Region nach Gerichten Ausschau zu halten, „nach Art des Paolo Santonino" zubereitet wurden.

Besonders präsent ist der Feinschmecker-Chronist im Gailtal. In der dortigen Küche haben seit Langem italienische Einflüsse ihren Niederschlag gefunden. Beispielsweise in Sissy Sonnleitners Restaurant „Kellerwand" in Kötschach-Mauthen, dem wahrscheinlich bekanntesten Gourmet-Treff des Landes. Dicht ist auch das Angebot an regionalen Spezialitäten: Am bekanntesten sind der Gailtaler Almkäse mit seinem geringen Ziegenmilchanteil und der Gailtaler Speck; dieser stammt vom Kärntner Markenschwein, das nur mit bestimmten Nahrungsmitteln gefüttert werden darf, und er muss mindestens sechs Wochen lang an der Luft getrocknet werden. Und für jede Spezialität ist mittlerweile ein eigenes Fest ins Leben gerufen worden.

SANFTER TOURISMUS HOCH IM KURS

Das Lesachtal westlich von Kötschach-Mauthen zwingt seinen Besuchern schon bei der Anreise ein eigenes Tempo auf. Eng legt sich die Straße in die Kurven, schmiegt sich an die Flanken der Lienzer Dolomiten und überquert zahllose Gräben, die der Gail tief im Talgrund entgegenstreben. Die Straße führt an braunverwitterten Bauernhöfen mit üppigem Blumenschmuck und Fassaden vorbei, die Medaillons mit Heiligendarstellungen zieren. Sie rückt Weiler in den Blick, die wie kleine Burgdörfer die Sonnenterrassen auf der gegenüberliegenden Talseite beherrschen. Und erst wenn man Maria Luggau mit seiner bekannten Wallfahrtskirche erreicht hat, fällt einem auf, was man entlang der 20 km langen Strecke nicht zu Gesicht bekommen hat: große Hotels, marktschreierische Schilder und die Stützpfeiler von Seilbahnanlagen, die die Landschaft verunstalten. Denn der Tourismus hat im Lesachtal, dem Oberlauf des Gailflusses, nie groß Einzug gehalten. Hier setzt man auf das Kapital einer noch weitgehend intakten Natur und einer einzigartigen Kulturlandschaft. Auszeichnungen wie die als „Naturbelassenstes Urlaubstal der Alpen" honorieren diesen Weg.

Die Bergluft macht müde – also bitte nicht stören!

Wintermärchen auf dem zugefrorenen Weißensee: Eine Kutschenfahrt wird zum unvergesslichen Spaß für Groß und Klein.

Kärntens größtes Wintersportzentrum: die „Sonnenalpe Nassfeld" an der Grenze zu Italien

Urlaub auf dem Bauernhof ist hier sehr beliebt. Das passt zum Lesachtal ebenso wie die Revitalisierung von fünf Wassermühlen in Oberluggau oder die verschiedenen Themenwanderwege, bei denen man viel über Quellen oder Kräuter erfährt. Auch das moderne Almwellness-Hotel „Tuffbad", das um eine vor 200 Jahren entdeckte Heilquelle bei St. Lorenzen entstand, fügt sich mit seinen alpinen Wellness-Angeboten und seiner rustikalen Architektur in das Ambiente ein.

DER FRIEDENSWEG
Als Italien der Donaumonarchie im Jahr 1915 den Krieg erklärte, eilten Freiwillige an die südliche Grenze, um eine Invasion zu verhindern. Soldatenfriedhöfe und Gedenktafeln legen Zeugnis vom Blutvergießen im Hochgebirge ab. Der Karnische Höhenweg entlang des Gebirgskamms trägt aber längst den Beinamen „Friedensweg" bzw. „Via della Pace". Einer seiner landschaftlichen Höhepunkte ist der Wolayersee in 1960 m Höhe. Auf dem Weg vom Lesachtaler Weiler Nostra passiert man Wiesen, auf denen Pferde, Kühe und Ziegen ihre Sommerfrische verbringen. Auf der Oberen Wolayeralm öffnet sich das Tal zu einem alpinen Amphitheater, während sich im Süden hoch aufragende

Im Vordergrund glitzert wie ein grünes Auge der Wolayersee.

Zacken, Spitzen und Kalktürme zu einem undurchdringlichen Spalier verschränken. Nur ein kurzer Anstieg trennt den Wanderer von einem Postkarten-Idyll: Im Vordergrund glitzert wie ein grünes Auge der Wolayersee. Jenseits des Sees wächst ansatzlos eine Felswand in den Himmel und scheint an den Wolken zu kratzen. Auf der Terrasse der Wolayersee-Hütte genießt man den Anblick – und vielleicht einen guten Kaiserschmarren.

FERIEN AUF DEM BAUERNHOF

„Milch von einer Kuh? Igitt!"

Ferien auf dem Bauernhof als „Augenöffner" für naturferne Stadtkinder ist ein Klassiker. Dazu gesellen sich aber zunehmend Angebote wie geführte Wanderungen, Paragleiten oder kulinarische Leckereien.

Gummistiefel angezogen und ab in den Stall – die kleinen Kälber freuen sich auf Streicheleinheiten.

„Ich trink doch keine Milch von einer Kuh!" Der dreijährige Nicolas bricht in helle Empörung aus, als ihm seine Mama erklärt, woher die Milch kommt, die er jeden Morgen in vollen Zügen genießt. Höchste Zeit also für einen „Reality-Check" in Sachen Natur. Gelegenheit dazu bietet sich in Kärnten beinahe an jeder Ecke. Auf der Plattform „Urlaub am Bauernhof" haben sich 350 qualitätsgeprüfte Höfe zusammengeschlossen, um ihren Gästen Landleben, Abenteuer und eine Prise Stallgeruch näher zu bringen.

ERLEBNISURLAUB IN DER NATUR

Wenn Landwirt Erwin Baldauf in Forst bei Wolfsberg die kleinen Besucher in den Stall führt, wird Nicolas im Nu klar, dass die Milch auf dem Frühstückstisch von der Kuh stammt und nicht im Tetrapak im Supermarkt-Regal „geboren" wird. Nach der Melkdemonstration – mutige Kinder dürfen auch selbst Hand an die Euter legen – geht es auf die Wiese. Dass die Zwergkaninchen und Zicklein nicht die Hand anknabbern, die sie mit saftigem Gras füttert, ist bald verinnerlicht. Und wenn sich die acht Wochen alten Kätzchen auf ihrem ersten Ausflug im Heuschober in den Arm nehmen lassen, sind die letzten Berührungsängste zur Tierwelt abgebaut.

Auch als Stützpunkt für Outdoor-Aktivitäten sind die ganz besonderen Feriendomizile eine gute Wahl. Oft nur einen Steinwurf entfernt locken Wanderwege, entlang derer für kleine Entdecker zahlreiche Zeitver-

Wo kommt eigentlich die Butter her? Der nette Bauer weiß die Antwort und zeigt auch gleich, wie sie hergestellt wird.

Eine zünftige Brotzeit bildet den perfekten Abschluss eines Tages, an dem die Gäste mit Sicherheit neue Freunde gefunden haben.

treibe warten: Mit Feuereifer gesammelt und verschlungen werden die leuchtend roten Walderdbeeren. Ein Bach bietet sich an, um das kleine Diplom im Staudamm-Errichten zu erwerben und pitschnass zu werden. Und eine zünftige Kärntner Jause darf freilich auch nicht fehlen.

Apropos: Oft kommen die Gäste in den Genuss von Kärntner Schmankerl. Trockenwürste, Schinken, Butter, Topfen (Quark) und andere Bio-Köstlichkeiten aus eigener Herstellung finden sich am üppig gedeckten Frühstückstisch. Und als aus dem Krug Milch eingeschenkt wird, ist bei Nicolas der Bezug zur Melkdemonstration vom Vorabend umgehend hergestellt.

LUST AUF MEHR?

Auf der Plattform „Urlaub am Bauernhof" finden sich ausschließlich „lebendige" landwirtschaftliche Betriebe. So unterscheiden sich die „echten" Bauern vom Hotelbesitzer, der mit einigen Kleintieren einen „Streichelzoo" eröffnet und sich ein besonders „kinderfreundliches", naturnahes Angebot auf die Fahnen heftet. Manche Landwirte versuchen, sich mit einem Spezialangebot von der Konkurrenz abzuheben. Wie wäre es beispielsweise mit „Paragleiten ab Hof"? Das bietet der Kollmannbauer in Vordergumitsch an. Des Rätsels Lösung: Der Bauer hat eine Wiese an eine Paragleitschule verpachtet, und so können auch abenteuerlustige Gäste in den Genuss eines Tandem-Flugs über dem Lavanttal kommen.

Einige Kärntner Höfe haben sich auf Reiturlaube oder Gesundheitsangebote spezialisiert, andere punkten mit Heilkräuter-Kompetenz. Feinschmecker kommen beim „Urlaub am Bio-Bauernhof" auf ihre Kosten – insgesamt 18-mal in Kärnten, wobei die Dichte am Millstätter See und in den Nockbergen besonders hoch ist. Und die Ortschaft Trebesing im Liesertal hat mit Baby-Urlaub auf Bauernhöfen eine Nische gefunden.

„Wandern ab Hof" steht im Lesachtal hoch im Kurs. Nicht selten hat hier ein Mitglied der Familie die Ausbildung zum Wanderführer absolviert. Das übliche Sommerangebot erweitert hat der Familienbauernhof Mesner in Liesing. Im Winter geht es einfach mit Schneeschuhen in die Bergwelt! Das einsame Tal am Nordfuß der Karnischen Alpen nennt übrigens auch die größten Hof-Schönheiten des Landes sein Eigen und eröffnet Einblicke in Lebens- und Arbeitswelten, die andernorts schon längst verschwunden ist. Doch egal auf welchen Ort die Wahl letztlich fällt, eines ist ziemlich sicher: Ein anonymer Gast ist man nicht.

WEITERE INFORMATIONEN

Landesverband Urlaub am Bauernhof Kärnten
Viktringer Ring 5, A-9020 Klagenfurt, Tel. 0463/330099
www.urlaubambauernhof.com *(mit interaktiver Webseite für Kinder)*

Reisen Sie mit uns an Ihr Traumziel.
Jetzt Gratis-Heft wählen!

Exklusive Bilder, neue Blickwinkel, Kulinarisches, Reisekarten sowie praktische Tipps – der DUMONT BILDATLAS beeindruckt als schönste Verbindung von Emotion und Information. Nehmen Sie die Einladung an und wählen Sie jetzt Ihre Gratis-Ausgabe.

GRATIS: das Heft Ihrer Wahl.

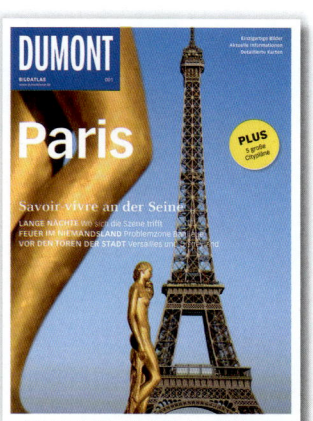

Hier Coupon abtrennen und abschicken an: Leserservice DUMONT BILDATLAS | c/o ZENIT Pressevertrieb GmbH | Uwe Bronn | Postfach 810640 | 70523 Stuttgart

JA, ich möchte ein GRATIS-Heft des DUMONT BILDATLAS!

Hier ist meine Wunsch-Ausgabe:
(bitte ankreuzen)

- ☐ Algarve
- ☐ Berlin
- ☐ London
- ☐ München
- ☐ Paris
- ☐ Rom

Schnell anfordern:
www.dumontreise.de/gratis
oder anrufen:
01805 72 72 52-965*

*14 Cent pro Minute aus dem deutschen Festnetz, Mobilfunkpreise können abweichen, betragen aber höchstens 42 Cent/Min. Erreichbarkeit: 8 – 20 Uhr von Montag – Freitag.

Der DUMONT BILDATLAS erscheint im DUMONT Reiseverlag GmbH & Co. KG, Dr. Stephanie Mair-Huydts, Marco-Polo-Straße 1, 73760 Ostfildern, Registergericht Stuttgart, HRA 212395.

Name, Vorname des Bestellers

19

Straße/Nr.   Geburtsdatum

PLZ   Ort

Telefon   E-Mail

☐ Ja, ich bin damit einverstanden, dass der DUMONT Reiseverlag mich künftig per Telefon oder E-Mail über interessante Presseabonnements informieren.

Ich erhalte den DUMONT BILDATLAS meiner Wahl gratis. Wenn Sie innerhalb 2 Wochen nach Erhalt nichts von mir hören, bekomme ich den DUMONT BILDATLAS jeden Monat (z. Zt. 7,40 Euro pro Heft statt 8,50 Euro im Einzelkauf), zahlbar halbjährlich (44,40 Euro) gegen Rechnung. Das Abonnement kann ich jederzeit beim Leserservice DUMONT BILDATLAS, Postfach 810640, 70523 Stuttgart, kündigen. (Bereits gezahlte Beträge für nicht gelieferte Ausgaben erhalte ich zurück). Alle Preise inkl. MwSt. und Zustellkosten. Das Angebot gilt nur in Deutschland und nur, solange Vorrat reicht. Auslandsabo auf Anfrage.

Widerrufsrecht: Sie können Ihre Vertragserklärung innerhalb 2 Wochen ohne Angabe von Gründen in Textform (z.B. Brief, Fax, E-Mail) oder – wenn Ihnen die Sache vor Fristablauf überlassen wird – durch Rücksendung der Sache widerrufen. Die Frist beginnt nach Erhalt dieser Belehrung in Textform, jedoch nicht vor Eingang der Ware beim Empfänger (bei der wiederkehrenden Lieferung gleichartiger Waren nicht vor Erhalt der ersten Teillieferung) und auch nicht vor Erfüllung unserer Informationspflichten gemäß § 312 c Abs. 2 BGB in Verbindung mit § 1 Abs.1, 2 und 4 BGB-InfoV. Zur Wahrung der Widerrufsfrist genügt die rechtzeitige Absendung des Widerrufs oder der Sache. Der Widerruf ist zu richten an: Leserservice DUMONT BILDATLAS, Uwe Bronn, Postfach 810640, 70523 Stuttgart.

Widerrufsfolge: Im Falle eines wirksamen Widerrufs sind die beiderseits empfangenen Leistungen zurückzugewähren. Wertersatz bei Verschlechterung ist nicht zu leisten. Die Ware ist auf unsere Kosten und Gefahr zurückzusenden. Zahlungspflichten müssen binnen 30 Tagen erfüllt werden. Die Frist beginnt für uns mit Eingang Ihrer Widerrufserklärung bei uns. Ihr Leserservice DUMONT BILDATLAS, Uwe Bronn, Postfach 810640, 70523 Stuttgart.

X

Datum   Unterschrift

DMN0129

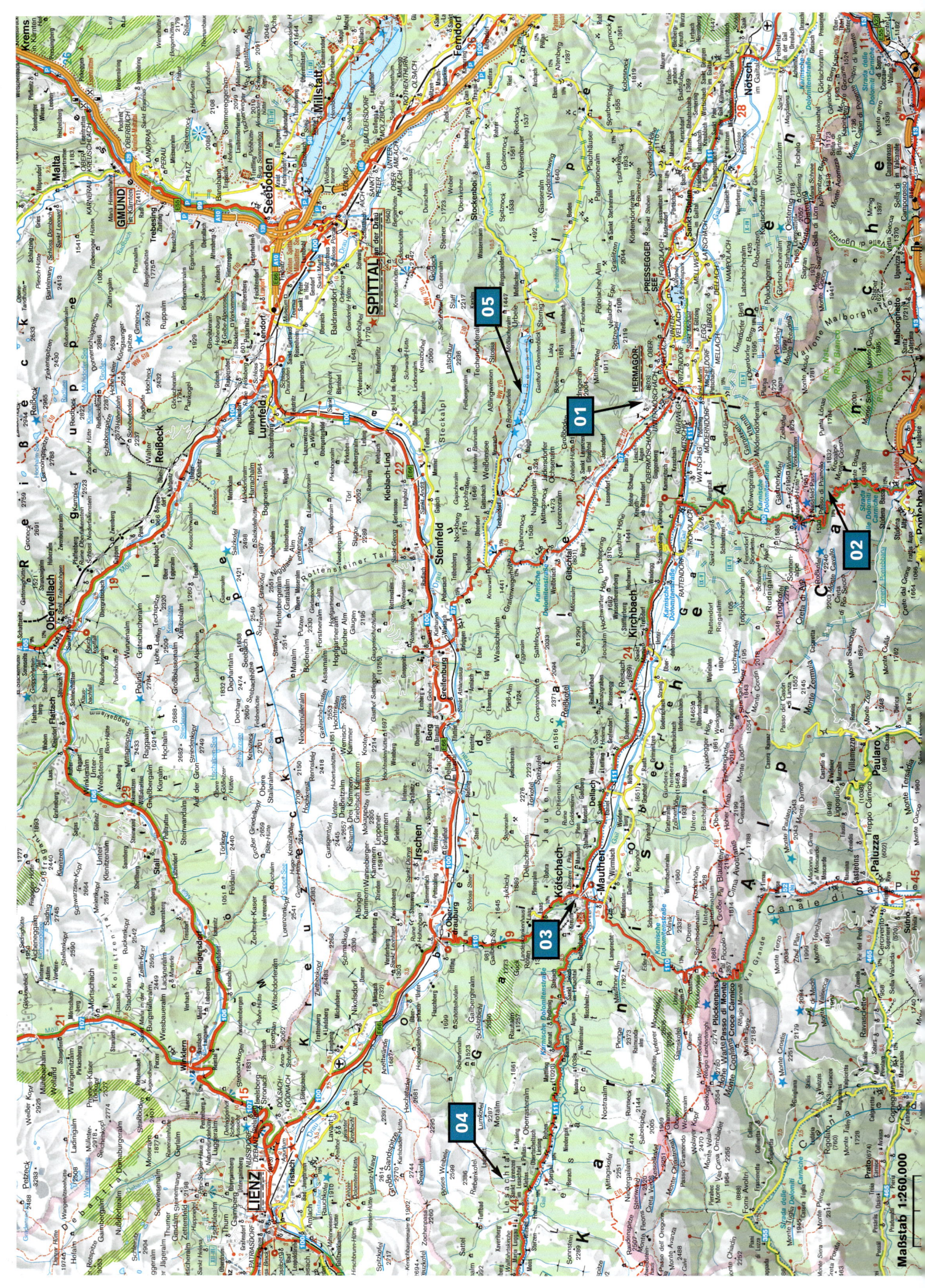

„Naturarena" für Erlebnishungrige

Die Drau, viertlängster Nebenfluss der Donau, fließt von Westen nach Osten durch das Haupttal Kärntens. Der über 2000 m hohe Drauzug trennt es vom benachbarten Gailtal, an das im Süden der Karnische Hauptkamm anschließt. Zusammen mit dem Weißensee bildet der alpine Raum die Kulisse für unzählige Freizeitunternehmungen.

01 HERMAGOR

Hauptort des **Gailtals ▶TOPZIEL** ist Hermagor (7500 Einw.). Die quirlige Bezirkshauptstadt punktet mit ihren vielen Einkaufsmöglichkeiten und kulinarischen Attraktionen. Kräftig wärmt die Sonne den wenige Kilometer östlich gelegenen Pressegger See auf. Die gerade mal 1 km lange und 600 m breite „Badewanne des Gailtals" teilen sich Badegäste, Fischer, Naturliebhaber und die Besucher eines Erlebnisparks. Am West- und Ostufer finden sich die ausgedehntesten Schilfbestände Kärntens.

Museum

Das **Gailtaler Heimatmuseum** in Schloss Möderndorf präsentiert das volkskundliche Erbe der Region (Mitte Mai–Mitte Okt. 10–17 Uhr, in den Schulferien Mo., sonst Sa.–Mo. geschl., Tel. 04282/3060).

Aktivität

Die **Gail** und der **Pressegger See** erfreuen jeden Petri-Jünger. Alles über Fischen in der „Naturarena Kärnten" findet man unter www.naturarena.com/fischen.

Unterkunft

Im €€ **Lerchenhof** (Untermöschach 9, Tel. 04282/2100, www.lerchenhof.at) nächtigt man in einem revitalisierten Biedermeier-Schlössl.

Restaurant

DAs Stadtgasthaus € **Bärenwirt** serviert Nudelspezialitäten und auch den „Ritschert"-Suppentopf (Hauptstraße 17, Tel. 04282/2052, www.baerenwirt.info).

Umgebung

Die wilde **Garnitzenklamm** (6 km südlich von Hermagor) ist durch Steige gut gesichert und lehrreich gestaltet (Mai–Okt. bei gutem Wetter, nicht für Kleinkinder geeignet). **Nötsch** (22 km östlich) am Fuß des Dobratsch war Wirkungsstätte des sogenannten Nötscher Kreises, dem die expressionistischen Maler Franz Wiegele (1887–1944), Sebastian Isepp (1884–1954) und Anton Kolig (1886–1950) angehörten. Zu bewundern sind ihre Arbeiten im **Museum des Nötscher Kreises** (Mai–Okt., Mi.–So. u. Fei. 14–18 Uhr, Haus Wiegele, Tel. 04256/3664,

Tipp

Feste für den Gaumen

Eine gute Gelegenheit, sich Gailtaler Schmankerl auf der Zunge zergehen zu lassen, bieten vier besondere Spezialitäten-Feste. Am ersten Wochenende im Juni feiert Hermagor den mürben Gailtaler Speck vom Kärntner Markenschwein. Das Lesachtal zelebriert in Liesing am letzten August-Wochenende sein schmackhaftes, würziges Bauern-Brot. „Star" des Käsefestivals in Kötschach-Mauthen am letzten Wochenende im September ist der Gailtaler Almkäse. Dass die Polenta (Maisgrieß) hervorragend mit Wild, Rindsbraten und anderen Speisen harmoniert, wird beim Polentafest in Nötsch am ersten Oktobersamstag in Erinnerung gerufen.

www.noetscherkreis.at). 2 km weiter südlich liegt **Feistritz,** wo am Pfingstmontag zuerst das traditionelle Kufenstechen und dann der Lindentanz stattfinden.

Information

Tourismusinformation „Naturarena Kärnten, Gail-, Gitsch-, Lesachtal, Weißensee", Hauptstraße 14, Hermagor, Tel. 04282/3131 Fax 04282/313131, www.naturarena.com.

02 NASSFELD

Die „Sonnenalpe Nassfeld" an der Grenze zu Italien mauserte sich zu Kärntens größtem und abwechslungsreichstem Wintersportzentrum. Junge Besucher schätzen hier Trend-Sportarten, Party-Atmosphäre und Lifestyle-Events.

Sehenswert

In der **Schaukäserei Tressdorfer Alm** werden nach alten überlieferten Rezepten Gailtaler Almkäse und Alm-Camembert hergestellt (Mitte Juni–Mitte Sept., tgl. 9–14 Uhr, Abzweigung auf der Nassfeldstraße, Tel. 04285/8181, www.tressdorferalm-kaeserei.at).

Aktivitäten

Auf 110 km Pisten, die durch 30 Seilbahnen bzw. Lifte erschlossen sind und bei Ausbleiben des weißen Segens auch beschneit werden können, finden Wintersportler ihr Glück. Im Sommer erschließen die Aufstiegshilfen ein abwechslungsreiches Wandergebiet. Kraxeln im Hochseilgarten, Seilrutschen und andere Fun-Sportarten bietet der **NTC Outdoor Park**

(Tressdorfer Alm 2, Mittelstation Millennium-Express, Tel. 04285/7100, www.soelle.com).

Information

KIG Karnische Incoming, Sonnenalpe Nassfeld 8, A-9620 Hermagor, Tel. 04285/8241, www.nassfeld.at.

03 KÖTSCHACH-MAUTHEN

Der Doppelort (3700 Einw.) liegt an einer historisch bedeutsamen Nord-Süd-Verbindung zwischen dem Drautal und Italien. Von hier aus geht es zum einen über den Plöckenpass nach Süden. Nach Westen zweigt eine kurvenreiche Straße in das Lesachtal ab. Kötschach-Mauthen ist als Stützpunkt für Erkundungen in den Karnischen Alpen, den Lienzer Dolomiten und dem weiteren Umkreis bestens geeignet.

Sehenswert

Die spätgotische **Pfarrkirche** von Kötschach, im Volksmund der Gailtaler Dom genannt, erhielt Anfang des 16. Jh. ihr jetziges Aussehen. Künstlerisch herausragend gestaltet ist das mit schlingpflanzenähnlichen Mustern versehene Netzgewölbe. Das etwas beschaulichere Mauthen am rechten Ufer der Gail besitzt einen sehenswerten **Ortskern** aus dem 18./19. Jh. und ein **Naturschwimmbad**.

Museum

An den erbitterten Gebirgskrieg, den sich in den Jahren 1915 bis 1918 auch in den Karnischen Alpen italienische und österreichische Soldaten lieferten, erinnert im Rathaus von

Fresko des Thomas von Villach

Infos

Tipp

Tal der 100 Mühlen

Einst nannte man das Lesachtal das „Tal der 100 Mühlen". Fünf der ursprünglich 196 Wassermühlen, deren Tradition bis zu 200 Jahre zurückreicht, sind am Trattenbach in Oberluggau renoviert worden und frei zugänglich. Wie die Mühlen genau funktionieren, erfährt man jedoch nur bei einer Mühlenführung (im Sommer jeden Fr. 10 Uhr). Wer ganz romantisch in einer Wassermühle wohnen will, erkundigt sich bei Familie Prünster.

Tel. 04716/248, www.wassermuehle.at

Kötschach-Mauthen das **Museum 1915–1918** (Mitte Mai–Mitte Okt. Mo.–Fr. 10–13, 15–18, Sa., So. u. Fei. 14–18 Uhr). In Kombination mit dem **Freilichtmuseum am Plöckenpass** – der Verein „Dolomitenfreunde" hat dort einstige Frontsteige und Stellungen wieder instand gesetzt – wird der Schrecken des Krieges noch plastischer (www.dolomitenfreunde.at).

Unterkunft/Restaurant

Im **€€€ Landhaus Kellerwand** kredenzt Spitzenköchin Sissy Sonnleitner ihre köstliche Alpen-Adria-Küche und bietet komfortable Unterkünfte an (Mo./Di. Ruhetag, Mauthen 24, Tel. 04715/269, www.sissy-sonnleitner.at). Bodenständig isst man im schönen Gastgarten der **€ Pfeffermühle** an der Gailbrücke (Tel. 04715/560, www.pfeffermuehle.com).

Aktivitäten

Zu den schönsten Alpen-Routen gehört der **Karnische Höhenweg**, der dem in westöstlicher Richtung verlaufenden, 110 km langen Karnischen Hauptkamm folgt. Die gesamte Weglänge zwischen Sillian (Osttirol) und Thörl-Maglern beträgt 155 Kilometer. Der Höhenweg ist in 6 bis 9 Tagesetappen zu bewältigen, wobei man auf Alpenvereinshütten nächtigen kann. Alternativ dazu beziehen Genusswanderer z.B. in Kötschach-Mauthen ein Basislager

und picken sich die schönsten Flecken heraus. Als Geotrails und Naturlehrpfade gestaltete Abschnitte geben einen guten Einblick in die Entstehung der Region, die ihren Reiz nicht zuletzt aus ihren idyllischen Bergseen bezieht.

Information

Tourismusbüro, A-9640 Kötschach 390, Tel. 04715/8516, www.koemau.at.

04 LESACHTAL

Von Kötschach-Mauthen führt eine kurvenreiche Straße nach Westen hinein in das dünn besiedelte **Lesachtal ▶TOPZIEL**, das zu den schönsten Tälern der Ostalpen zählt. Das Wort „Lesach" leitet sich vom slawischen Namen für Wald ab. Echtes Brauchtum lässt sich im Sommerhalbjahr bei zahlreichen Veranstaltungen und kirchlichen Festen erleben.

Sehenswert

Bis heute bilden die im 16. Jh. erbaute Pfarr- und Wallfahrtskirche **Maria Schnee** in Maria Luggau und das angrenzende Servitenkloster das kulturell-spirituelle Zentrum des Lesachtals. Die Volksfrömmigkeit alter Zeiten kommt in den Danktafeln im Votivgang zum Ausdruck. Geprägt wird das Lesachtal von seinen schönen Bauernhäusern.

Aktivitäten

Die Wanderung zum **Wolayer See** zählt zu den schönsten Touren Kärntens. Von St. Lorenzen aus führt ein Weg zur **Kraftquelle Radegund** (Schauschmiede, älteste Kirche des Tales). Die Kuppen und Kämme der **Mussen** oberhalb von St. Jakob sind für ihre Blumenpracht bekannt.

Berg- und Wildwasserabenteuer organisiert der **Fit & Fun Rafting Club** (St. Lorenzen 13, Tel. 0676/5049169, www.fitundfun-outdoor.com). Action bietet auch die **Abenteuer- u. Walderlebniswelt Lesachtal** (Ladstatt, 9653 Liesing, Tel. 04716/24212, www.erlebnis-lesachtal.at).

Veranstaltungen

Mühlenfest in Maria Luggau am 1. Sonntag im August, **Lesachtaler Brotfest** in Liesing am 1. September-Wochenende, **Erntedankfest** in Maria Luggau am 4. Sonntag im September.

Unterkunft

Das **€€€€ Almwellness-Hotel Tuffbad** (St. Lorenzen, Tuffbad 3, Tel. 04716/622 www.almwellness.com) umschmeichelt Gäste mit Komfort und einem urigen Wellness-Angebot. Der **€€ Alpengasthof zum „Wander-Niki"** (Liesing, Obergail 3, Tel. 04716/294) punktet mit geführten Wanderungen.

Restaurant

Typische regionale Gerichte lassen sich im **€€ Gasthof Mascha** (Liesing 24, 9653 Liesing, Tel. 04716/257) verkosten.

Information

Tourismusverband Lesachtal, A-9653 Liesing 29, Tel 04716/24212, www.lesachtal.com.

05 WEISSENSEE

Eine kurvenreiche Straße verbindet das Drautal mit dem in 930 m Höhe gelegenen **Weißensee**. Kärntens viertgrößter See ruht in einer von Gletschern ausgehobelten Talfurche. Im Sommer erwärmt er sich bis auf 24 °C. Der

Alphornbläser in Maria Luggau im Lesachtal

westliche Teil besitzt eine dichte touristische Infrastruktur, naturbelassen ist das Ostufer. 2006 wurde die Region Weißensee – mit den Gemeinden Weißensee und Stockenboi – zum „Naturpark" erklärt.

Aktivitäten

Von Mountainbiking über Nordic-Walking-Strecken und 200 km Wanderwege bis hin zu allen Wassersportarten (außer jenen, die ein Motorboot erfordern) ist hier so ziemlich alles an Freizeitangeboten vertreten. Nicht zu vergessen: Der Weißensee gilt als einer der fischreichsten Gewässer Kärntens. Von Mai bis September verbinden Linienschiffe die Ortschaften entlang des Weißensees mit dem Ostufer. Aussichtspunkte sind die **Franz-Josefs-Höhe** und die **Naggler-Alm** (Sessellift).

Veranstaltungen

Ende Januar/Anfang Februar gehen am Weißensee die **Eisschnelllauf-Wochen** mit Marathons über 50, 100 und 200 km in Szene. Höhepunkt ist die 1989 erstmals ausgetragene „Alternative holländische Elf-Städte-Tour".

Unterkunft

Zentral und doch ruhig liegt das Landhotel **€€€ Die Forelle** (Techendorf 80, 04713/2356, www.forellemueller.at).

Restaurant

€€ Zimmermann's Gasthaus (Techendorf 6, Tel. 04713/2271, www.zimmermann-weissensee.at) ist ein guter Platz, um Fische aus dem See zu verkosten.

Information

Weißensee Information, Techendorf 78, A-9762 Weißensee, Tel. 04713/22200, www.weissensee.com.

Tipp

Radeln am Fluss

Einer der attraktivsten Radwege Österreichs begleitet die Drau, die Kärnten in West-Ost-Richtung durchfließt. Die 366 km lange Route mit der internationalen Bezeichnung R1 beginnt im italienischen Toblach und endet in Maribor/Marburg in Slowenien; viele Radfahrer klinken sich aber erst in Osttirol in die Tour ein. In Kärnten warten u.a. kulturelle Highlights und radfreundliche Betriebe auf die Pedalritter.

www.drau-radweg.at

Immer der Nase nach!

Irschen im Drautal hat sich als „Kräuterdorf" einen Namen gemacht. Auf einem Spaziergang durch den „duften" Ort wird die Natur zum Lehrmeister.

Ausgangspunkt ist das Irschener Kräuterhaus, wo ein Schaugarten, „Duftinseln" und eine riesige Kräutervase einen sinnlichen Einstieg in die Welt der Kräuter ermöglichen. Während die einen per Faltblatt das beschauliche Dorf mit seinen zahlreichen Nutz- und Kräutergärten erkunden, folgen die anderen einfach ihrer Nase: Hier duften Salbei, Thymian und Lavendel um die Wette, dort leuchten Kräuterinseln in kräftigen Blau-, Violett-, Rot-, Silber-, Grün- und Gelbtönen.

Auch Kräuter wollen „geerntet" werden.

SCHMACKHAFT UND HEILKRÄFTIG

Mehr als 500 Pflanzenarten, darunter 42 anerkannte Heilpflanzen und 115 Volksheilpflanzen, umfasst das Irschener Kräuteruniversum. Schautafeln geben Auskunft über Herkunft und Verwendungsart. Die Infos überzeugen durch Praxisnähe – so bieten „Rezeptstationen" Tipps für mehr Würze in der Küche. Wer noch tiefer in die Materie eindringen will, wandert hinauf zu Rosmaries Kräutergarten auf 1100 m, wo die Sonne Teekräuter besonders gut gedeihen lässt. Im Sommer richten die Spezialisten Schnuppertouren, Kräuterseminare, naturkundliche Wanderungen und Workshops aus. Und da der Besucher nicht nur von würziger Luft lebt, haben sich einige Gasthäuser auf g'schmackige Kräuterküche spezialisiert!

WEITERE INFORMATIONEN

Anfahrt

Die 2000-Einwohner Gemeinde Irschen liegt knapp 25 km südwestlich von Lienz – der Drautal-Straße (B 100) und hinter Oberdrauburg links Richtung Irschen abbiegen.

Dorfurlaub-Information

Irschen Nr. 41, A-9773 Irschen, Tel. 04710/23772.

Über das umfangreiche Veranstaltungsprogramm, Unterkünfte und Sehenswertes informiert die Webseite www.irschen.com.

Juwel zwischen zwei Seen

Villach ist zwar „nur" die zweitgrößte Stadt Kärntens. Grund, sich hinter der ewigen Rivalin Klagenfurt zu verstecken, besteht aber keiner. In der Drau-Stadt gehen Lebenslust und Lebensqualität Hand in Hand. Neben einer entzückenden Altstadt bietet Villach seinen Bürgern und Besuchern attraktive Aussichts- und Wanderberge und zwei der schönsten Seen Kärntens mit ganz unterschiedlichem Charakter: den Faaker See und Ossiacher See.

Der Ossiacher See ist in den Sommermonaten ein beliebtes Segelrevier.

Stadtimpressionen aus Villach: Im Paracelsushof (oben links), vor St. Nikolai (oben rechts) und auf dem Villacher Kirchtag (unten)

Der Villacher Hauptplatz ist im Sommer ein gut besuchter Treffpunkt von Einheimischen und Touristen.

Ein Leben für die Medizin

Der berühmte Mediziner, Naturforscher und Philosoph Philippus Theophrastus Aureolus Bombast von Hohenheim, besser bekannt als Paracelsus, gilt als Wegbereiter der neuzeitlichen Heilkunde.

Im Schweizer Einsiedeln erblickte Paracelsus, Sohn eines aus Schwaben stammenden Arztes, am 11. November 1493 das Licht der Welt. Nach dem frühen Tod der Mutter zogen die beiden nach Villach, wo Paracelsus erste Einblicke in die Medizin erhielt.

Als 16-Jähriger nahm das Universalgenie in Basel sein Medizinstudium auf. Anschließend führten ihn seine Wanderjahre quer durch Mitteleuropa. Zu hohem Ansehen erlangt, machte er u. a. in Freiburg und Straßburg Station, wo er mit den Gelehrten seiner Zeit manch wissenschaftlichen Streit ausfocht – das Streben nach einer empirisch untermauerten Lehre verschaffte ihm auch Misstrauen und Feinde. Und mehr als einmal sah sich Paracelsus gezwungen, seine Zelte über Nacht abzubrechen.

Paracelus-Porträt (Josef Dobner, 1941)

1538 kehrte er nach Kärnten zurück – sein „ander vaterlant". Als einer der ersten beschrieb er die Wirkung der hiesigen Heilquellen. Den Landständen und der adligen Regierung in Klagenfurt widmete er die „Kärntner Schriften", zudem verfasste er eine kleine „Chronica ... dieses Landts Kärnten". Zwei Jahre später ereilte ihn der Ruf nach Salzburg, wo er am 24. September 1541 den Folgen einer Bleivergiftung erlag.

In Kärnten braucht es wenig Grund zum Feiern. Am wenigsten, so hat es den Anschein, in Villach. Im Januar und Februar dreht sich alles um den Villacher Fasching, das populärste Narrentreiben Österreichs. Der Schlachtruf des Frohsinns lautet „Lei lei". Und was der Fasching im Winter ist, ist der Villacher Kirchtag im Sommer: eine Gelegenheit, die gesamte 60 000-Einwohner-Stadt zur Bühne zu machen. Trubel und Jahrmarkt-Stimmung, umrahmt von einer Brauchtumswoche, locken Hunderttausende Besucher in die Stadt mit ihrem „mediterranen" Charakter – einer Kombination aus Arkaden-Architektur, Lebenslust und viel Licht.

WIE HUND UND KATZ

Mit Klagenfurt verbindet Villach eine legendäre Rivalität, die ihren Grund wohl in der Hauptstadtfrage hat: Villach wäre es gern geworden, Klagenfurt machte das Rennen. Die Rivalität macht sich nicht nur in Witzen Luft, sondern auch im Nationalsport der Kärntner: dem Eishockey. Wenn das Derby zwischen dem Villacher SV und dem Rekordmeister KAC aus Klagenfurt auf dem Spielplan steht, werden schon Tage zuvor verbal die Klingen gekreuzt.

Man misst sich gern miteinander. Villach punktet mit dem Prestige seiner Feste und wirtschaftlicher Prosperität.

Die Burgruine Finkenstein wird von Anfang Juli bis in den Oktober hinein als Freiluft-Arena genutzt. Sie bietet bis zu 1150 Zuschauern Platz.

NATIONALPARK DOBRATSCH

„Rolle rückwärts"

Am Kärntner Bergstock Dobratsch ging man den umgekehrten Weg: Ein ehemaliges Skigebiet wird nun als Naturpark geschützt.

Rund 50 Jahre lang erstreckten sich an den Hängen des 2167 m hohen Villacher Hausbergs Skilifte – eine Trasse wurde sogar in die Flanke des Kalkstocks hineingesprengt! Dann folgte auf schneearme Winter Anfang der 1980er-Jahre die Ernüchterung: Die Liftbetreiber drängten auf künstliche Beschneiung. Doch diesem Begehren schoben die Behörden einen Riegel vor – schließlich liefert der Dobratsch auch das Wasser für Villach.

Es kam, wie es in den seltensten Fällen kommt: Seit Oktober 2002 ist der Dobratsch ein 7250 ha großer Naturpark. Die Liftanlagen wurden stillgelegt und abgebaut, die Pisten teilweise wieder aufgeforstet. Nun

Skiwanderer im Naturpark Dobratsch

drehen hier im Winter Langläufer und Schneeschuh-Wanderer ihre Runden. Weiterhin wird der mächtige Bergrücken aber mit einem technischen Bauwerk identifiziert werden: dem 165 m hohen Sendemasten des Österreichischen Rundfunks, der ihn von Weitem erkennbar macht.

Die Hänge des Dobratsch sind im Sommer ein herrliches Wandergebiet.

Die Stadt am Zusammenfluss von Drau und Gail ist ein wichtiger Verkehrsknotenpunkt für Eisenbahnstrecken und Autobahnen, die Europas Norden mit dem Mittelmeer verbinden. Schon die Römer unterhielten eine Straßenstation. Aus dem alten Santicum entwickelte sich das heutige Villach.

KOSTENLOSES VERGNÜGEN

Keine andere österreichische Stadt bietet einen solchen Service: Am Silbersee, dem Vassacher See und dem Magdalenensee betreibt die Stadtverwaltung Bäder, die allen Bewohnern und Besuchern im Sommer gratis offen stehen. Ebenso unterhält Villach ein „Frei"-Bad am Ossiacher See. Nur für das städtische Bad am Faaker See muss man einen Obolus entrichten. Seine türkisblaue Färbung erhält er von den Kalkpartikeln, die die Zuflüsse von den Hängen des Mittagskogels ins Tal spülen. Die Pyramide des 2145 m hohen Karawanken-Bergs bildet zudem die malerische Kulisse des Sees.

Der Ossiacher See nordwestlich von Villach wird gern von Familien frequentiert – und von Musikliebhabern: Wenn über den Stiftshof von Ossiach klassische Klänge erschallen, ist der Carinthische Sommer ins Land gezogen. Seit 1969 lockt dieses renommierte Festival mit einem Programm aus Klassik und zeitgenössischen Kompositionen Weltstars und Musikfreunde von nah und fern an die Gestade des drittgrößten Kärntner Sees. Einen Teil seiner Attraktivität verdankt der Carinthische Sommer seinen außergewöhnlichen Aufführungsstätten. Nirgendwo ist das Musikerlebnis berauschender als in der ehemaligen Stiftskirche in Ossiach. Das Gotteshaus mit seinen farbenfrohen Stuckverzierungen und seiner hervorragenden Akustik bezeichnete der amerikanische Komponist und Dirigent Leonard Bernstein sogar einmal als „schönsten Konzertsaal der Welt". 2013 stand das Festival wegen Kürzungen schon fast vor dem Aus, doch der Carinthische Sommer darf weiter erklingen.

Während Kunstfreunde beispielsweise die ehemalige Stiftskirche in Ossiach mit dem herrlichen
Deckengemälde Fromillers (oben links) und dem
„schönsten Konzertsaal der Welt" (unten links)
bewundern können, werden Naturbegeisterte das
abwechslungsreiche Freizeitangebot an Ossiacher
(rechts oben) und Faaker See (rechts unten) zu
schätzen wissen.

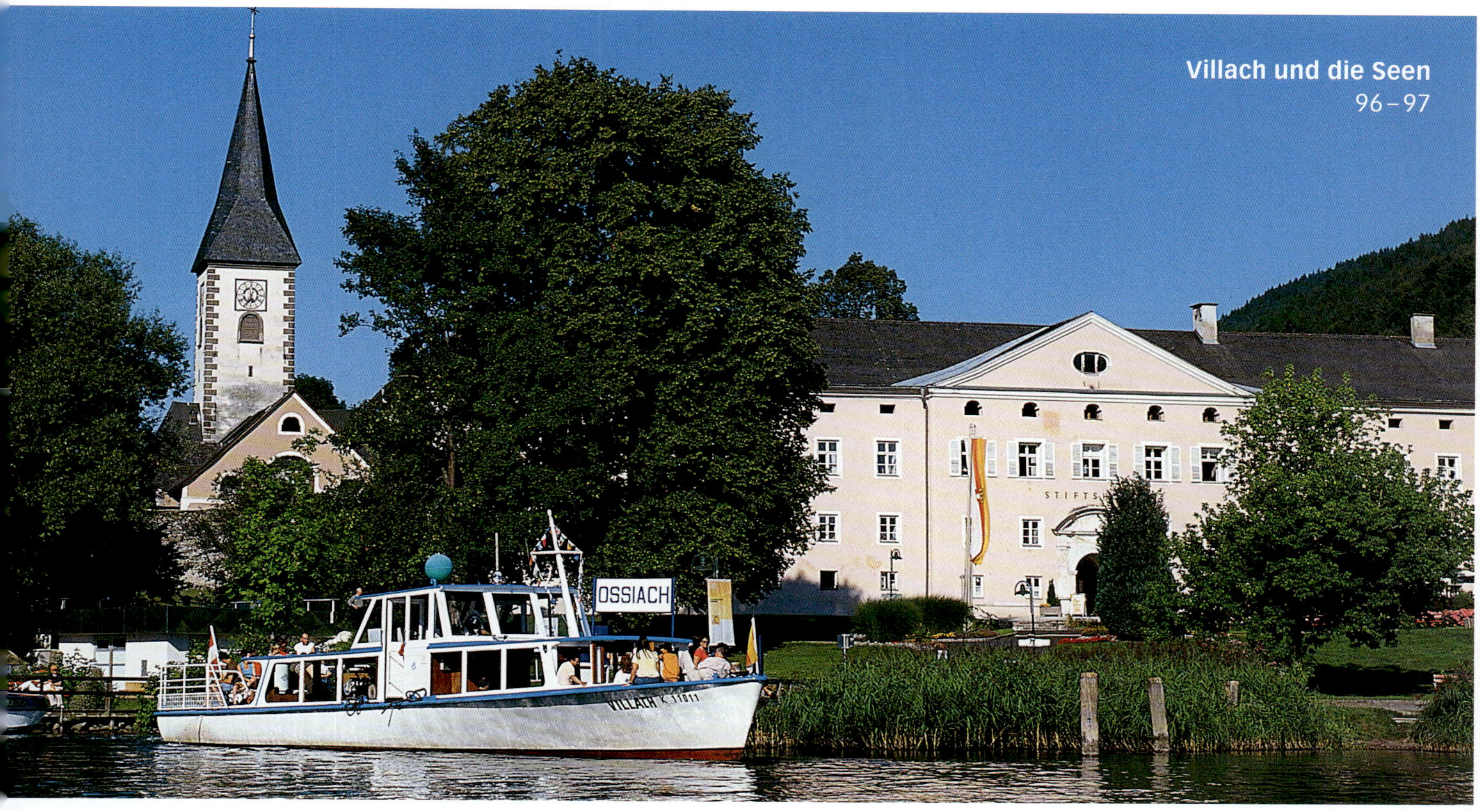
OSSIACH

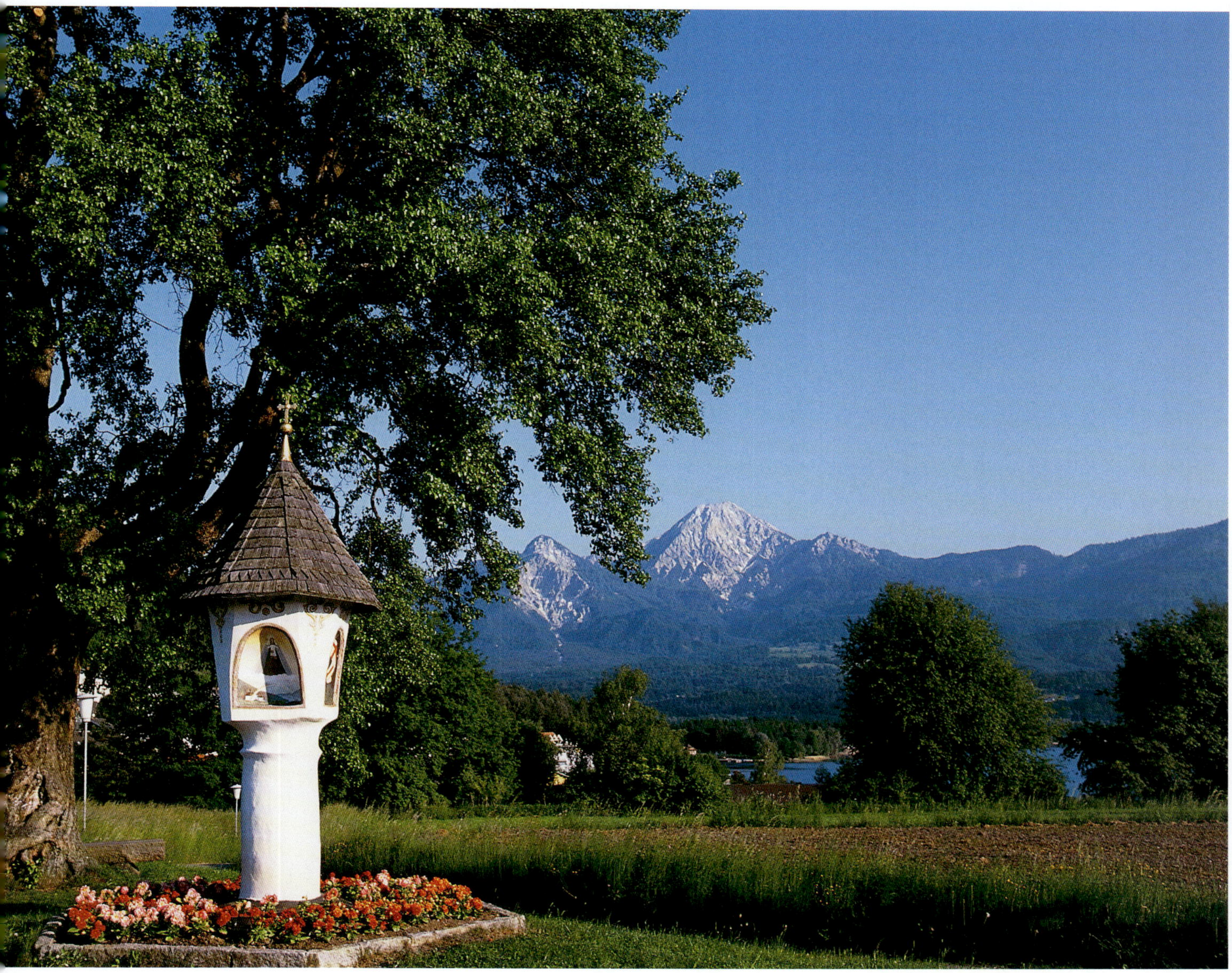

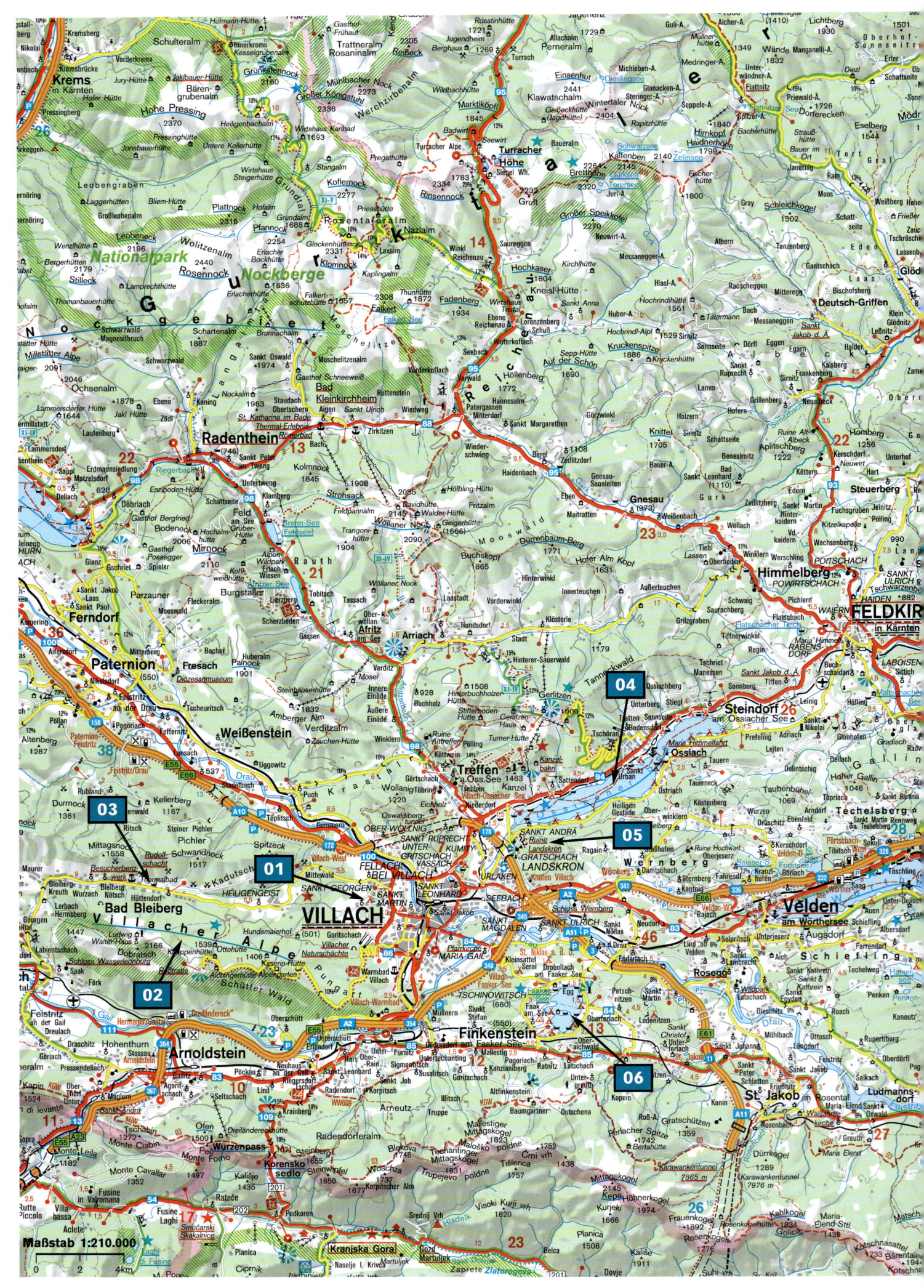

Infos

Von Bergen und Seen umrahmt

Das abwechslungsreiche Freizeitangebot in Villach und der näheren Umgebung spricht für sich. Nur einen Steinwurf entfernt locken gleich mehrere Seen Badenixen und Wassersportler. Wer hoch hinaus will, kann die Villacher Alpe und die Gerlitzen erkunden – und vielleicht auch gleich abheben. Und dann wäre da noch Villach selbst, in dem es einiges zu entdecken gibt.

01 VILLACH

Schon in der Antike war Villach (60 000 Einw.) ein wichtiger Verkehrsknotenpunkt – die Römer unterhielten an der strategisch bedeutsamen Stelle eine Straßenstation namens Santicum. 1240 erhielt Villach das Stadtrecht, 1348 verwüstete ein verheerendes Erdbeben die Stadt. Ähnlich wie Klagenfurt bildete Villach im 16. Jh. ein Zentrum des Protestantismus. Im Jahr 1759 erwarb Kaiserin Maria Theresia die Drau-Stadt für Österreich. Um 1900 stieg Villach zum Bahnknotenpunkt auf und auch im Straßenverkehr (Süd- und Tauernautobahn) fungiert die Stadt als Nord-Süd-Drehscheibe. Villach hat sich zudem als Mikroelektronik- und Technologiestandort positioniert.

Sehenswert

Ein Spaziergang beginnt am nördlichen **Drau-Ufer**, das nach Hochwassern in den 1960er-Jahren befestigt wurde. Rund um den Nikolai-Platz findet sich eine rege Lokalszene. Unübersehbar ist der rote Würfel des **Congress-Center**. Über die Stadtbrücke gelangt man zum **Hauptplatz**, der zur Stadtpfarrkirche ansteigt und mit seinen Lokalen und Geschäften das gesellschaftliche Zentrum Villachs bildet. Eine Kopie des mittelalterlichen Prangersteins steht an seinem Zugang, als wolle man auch heute noch von den Besuchern Wohlverhalten anmahnen. Enge Gassen, manche überspannt von Schwibbögen, verbinden den Platz mit den Parallelstraßen. Im **Paracelsus-Hof** (Hauptplatz Nr. 18) erinnern zwei Medaillons an den in Villach aufgewachsenen Heilkundler. Die spätgotische Hauptpfarrkirche – von 1526 bis zur Gegenreformation ein Jahrhundert später protestantisch – ist in erster Linie wegen ihres an einen Campanile erinnernden Turms bemerkenswert. Er ist mit 94 m der höchste Kirchturm Kärntens und bietet einen herrlichen Ausblick (Juni–Sept., tgl. 10–17 Uhr, Rest des Jahres kürzer).

Museen

Das **Stadtmuseum** (Widmanngasse 38, Tel. 04242/2053500, Mai–Okt. 10–16.30 Uhr, So. u. Fei. geschl.) spannt einen Bogen von der Frühgeschichte bis in die Moderne. Zwei Räume sind dem Wirken von Paracelsus gewidmet.

Süße Leckerei beim Villacher Kirchtag

Gotische Tafelbilder des Meisters Thomas von Villach zählen zu den Schätzen des Museums. Das **Villacher Fahrzeugmuseum** (F. Wedenig Straße 9, Zauchen bei Villach, Tel. 04242/25530, www.oldtimermuseum.at, tgl. 10–12, 14–16 Uhr, im Sommer tgl. 10–18 Uhr) verfügt über eine ansehnliche Sammlung von Oldtimern und alten Motorrollern.

Aktivitäten

Am Silbersee, am Vassacher See und am Magdalenensee können Villacher und die Besucher der Stadt gratis baden. Ausflüge auf der Drau lassen sich mit der „MS Landskron" unternehmen (Mai–Okt., Tel. 0699/15077077).

Veranstaltungen

Villacher Kirchtag (1. Wochenende im Aug., davor **Brauchtumswoche**); **Villacher Fasching** (Jan./Feb.; Umzug am Faschingssamstag); **Festival der Straßenkünstler** (Ende Juli).

Unterkunft

Das €€/€€€ **Romantik Hotel Post** (Hauptplatz 26, Tel. 04242/261010, www.romantikhotel.com) ist ein Traditionshotel mit allen Annehmlichkeiten.

Restaurants

Bodenständige Kost bietet der €/€€ **Villacher Brauhof** (mit Biergarten, Brauhofstraße 8, Tel. 04242/24222). Kärntner Nudeln in allen Variationen findet man in € **Mosers Nudelküche** (Nikolaigasse 33, Tel. 0664/3046393).

Cafés

Beliebter Treffpunkt an der Drau ist das **Café Bernhold** (Nikolaiplatz 2), während das elegante **Park-Café** (Moritschstraße 2) auch bei schlechtem Wetter gern besucht wird.

Umgebung

Der Kurort **Warmbad Villach** 4 km südlich verdankt seine Existenz dem Thermalwasser aus den Tiefen des Dobratsch-Massivs. Die moderne Badetradition wurde um 1800 begründet. Auf dem parkähnlichen Gelände finden sich ein Kurzentrum, eine Erlebnistherme (Neueröffnung 2012 als „Kärnten-Therme") und mehrere, teilweise exklusive Kurhotels. Besonders wirksam ist der Schatz aus der Tiefe bei Erkrankungen des Bewegungsapparates (www.warmbad.at). Einen prächtig geschnitzten gotischen Flügelaltar (um 1510/15) der Villacher Werkstatt besitzt die Pfarrkirche von Maria Gail am südöstlichen Rand der Stadt.

Information

Tourismusinformation Villach-Stadt, Bahnhofstraße 3, A-9500 Villach, Tel. 04242/2052900, Fax 04242/2052999, www.villacht.at/ tourismus, www.region-villach.at.

02 VILLACHER ALPE

Die **Villacher Alpe** (auch Dobratsch genannt) westlich der Stadt ist ein beliebtes Naherholungs- und Wandergebiet. 1348 ereignete sich hier ein riesiger Bergsturz. Tausende Tonnen Gestein stürzten nach einem Erdbeben in das Gailtal. Die sogenannte „Schütt" hat sich seither zum Lebensraum vieler seltener Tier- und Pflanzenarten entwickelt. Die Villacher Alpe bietet fantastische Ausblicke auf Karawanken und Julische Alpen im Süden, auf das Kärntner Seengebiet sowie die Nockberge im Norden.

Sehenswert

Erschlossen ist der Dobratsch durch die mautpflichtige **Villacher Alpenstraße**, die von Villach-Möltschach bis auf eine Höhe von 1732 m führt. Auf dem Weg passiert man den 1 ha großen **Alpengarten**, in dem Enzian, Edelweiß, Wulfenia und ca. 900 weitere Alpenblumenarten von zu bewundern sind.

Tipp

Umsonst und draußen

„Freitag, 10 Uhr" sollten sich alle diejenigen vormerken, die sich vor Ort aus erster Hand über Villach informieren lassen wollen: Mitte Juni bis Mitte September finden zu diesem Termin immer kostenlose, etwa eineinhalbstündige Stadtführungen statt.

Treffpunkt: Tourismusbüro, Bahnhofstraße 3, Villach

Infos

Aktivitäten

Zu Fuß geht es vom Parkplatz in zwei Stunden zum höchsten Punkt des Bergstocks auf 2166 m.

Information

Naturpark Dobratsch, Klagenfurter Straße 66, A-9500 Villach, Tel. 0664/1202762, www.naturparkdobratsch.info

03 BAD BLEIBERG

Auch in der Region um Bad Bleiberg werden Thermalwasser-Vorkommen genutzt. Bis zum Jahr 1993 förderten Knappen aus den Tiefen des hiesigen Erzberges Blei zutage.

Sehenswert

In das einstige Bergwerk ist die Erlebniswelt **Terra Mystica** eingezogen, die Besucher über eine 68 m lange Bergmannsrutsche zurück in die Ära des Bergbaus befördert (Juli/Aug. tgl. 9.30–16, Mai/Juni, Sept./Okt. 11 u. 13 Uhr, Tel. 04244/2255, www.terra-mystica.at). 2005 kam das Schaubergwerk „Terra Montana" dazu.

Information

Tourismusinformation Bad Bleiberg, Nr. 149, A-9530 Bad Bleiberg, Tel. 04244/31306, www.bad-bleiberg.at.

04 OSSIACHER SEE

Der Ossiacher See – mit einer Fläche von 10,8 km² der drittgrößte See Kärntens, wird von der Gerlitzen und von den Ossiacher Tauern eingerahmt. Er gilt als ruhiger Familiensee.

Sehenswert

Das **Benediktinerstift Ossiach** am südöstlichen Seeufer war von seiner Gründung 1028 bis zu seiner Aufhebung 1782 das kulturelle

Tipp

Guten Appetit!

In der Ortschaft Egg am Faaker See lohnt der €€ **Kärntner Gasthof Tschebull** eine ausführliche Rast. Hier leitete das Brüderpaar Tschemernjak Mitte der 1980er-Jahre eine auf unverfälschten regionalen Produkten basierende Renaissance der Kärntner Küche ein.

Egg, Seeuferstraße 26, Tel. 04254/2191, www.tschebull.com

Burg Finkenstein: schön, groß, stimmungsvoll

Zentrum der Region. Heute beherbergt der mächtige Komplex u.a. ein Hotel. Das Innere der heutigen Pfarrkirche ist ein Wunderwerk an farbenfrohen Stuckarbeiten, die um 1750 Meister Jakob Kopf mit 13 Arbeitern aus Wessobrunn in Bayern anfertigte. Von Kärntens Parade-Barockmaler Johann Ferdinand Fromiller stammen Wand- und Deckengemälde. In **Steindorf** am Nordostufer hat der Architekt Günther Domenig (1934-2012) aus viel Beton sein fantasievoll-bizarres Steinhaus errichtet, in dem heute auch Veranstaltungen stattfinden.

Aktivitäten

Seit 1905 verbinden Linienschiffe die kleinen Orte am 11 km langen **Ossiacher See.** Eine Seerundfahrt (Mai–Anfang Okt.) ist ein geruhsames Erlebnis (Tel. 0699/15077077). Ein durchgehender Radweg rückt immer wieder schöne Panoramen in den Blick.

Veranstaltungen

Carinthischer Sommer u.a. im Stift Ossiach und in der Bergkirche Tiffen (Juli/Aug. Tel. 04243/2510, www.carinthischersommer.at).

Unterkunft

€ **Seecamping Berghof** (Süduferstraße 241, Heiligengestade, Tel. 04242/41133, www.seecamping-berghof.at) bekommt regelmäßig Bestnoten für Ausstattung und Flair.

Restaurant

Erste Adresse für Fischspezialitäten ist die €€ **Stiftsschmiede** (Ossiach, Haus 4, Tel. 04243/45554).

Umgebung

Zwei Panoramastraßen (von Bodensdorf und Arriach) und eine Seilbahn (von Annenheim) führen auf die 1911 m hohe **Gerlitzen,** ein Naherholungsgebiet mit grandiosen See-Panoramen. Im Winter wird es von Skifahrern frequentiert, im Sommer von Mountainbikern, Wanderern und Pilzesuchern. Die Bergkirche in **Tiffen** 4 km nordöstlich des Ossiacher Sees enthält sehenswerte Fresken. Im **Gegendtal**, das von der Westspitze des Sees abzweigt, dokumentiert das **Elli-Riehl-Puppenmuseum** das bäuerliche Leben in der Region (Treffen, Ortsteil Winklern, Buchholzer Straße 4, Tel. 04248/2395, April/Mai tgl. 9–12, 14–18, Juni–Sept. 9–18 Uhr).

Information

Villach-Warmbad/Faaker See/Ossiacher See Tourismus GmbH, Töbringer Straße 1, A-9523 Villach-Landskron, Tel. 04242/42000, www.region-villach.at.

05 BURG LANDSKRON

Auf einem Felsvorsprung nördlich von Villach thront die Burgruine Landskron. Ihr Name deutet auf die einstige Pracht des im 16. Jh. errichteten Renaissanceschlosses hin, das durch Krieg und Naturereignisse zerstört wurde.

Sehenswert

Im Sommer wird die **Burgruine** zur Kulisse einer Greifvogelschau. Adler und andere Raubvögel segeln dabei knapp über die Köpfe der Besucher hinweg (Flugschauzeiten April/Mai/Juni/Sept/Okt., tgl. 11 und 14.30 Uhr, Juli/Aug. tgl. 11, 14.30 und 17.30 Uhr, Tel. 04242/42888). Tierisch geht es auch eine Etage tiefer auf dem **Affenberg** zu: Dort haben seit 1996 winterfeste Japan-Makaken auf einem Waldgelände eine Heimat gefunden. Mittlerweile wuchs der Bestand auf gut 150 Tiere an. Auf einem Rundgang kann man sie aus der Nähe beobachten (April bis Ende Okt. 9.30–17.30 Uhr, Tel. 04242/430375, www.affenberg.com). Kulinarisch interessant: Auf Vorbestellung richtet das Restaurant der Burg Tafelrunden nach „Ritter-Art" und Gourmet-Dinner aus (www.adlerarena.at).

Information
Burg Landskron, A-9523 Landskron, Tel. 04242/41563, www.burg-landskron.at.

06 FAAKER SEE

Rund 8 km südöstlich von Villach liegt mit dem Faaker See ein landschaftliches Juwel Kärntens. Besonders pittoresk ist seine intensive Türkis-Färbung. Ein Wermutstropfen: Das Ufer ist an vielen Stellen dicht verbaut.

Sehenswert
Am Ortseingang von **Egg** (Nordufer) steht ein zu Recht oft fotografierter Bildstock.

Aktivitäten
Hoch im Kurs stehen Wassersportarten in allen Variationen (außer Motorboote). Mit einem Mietboot kann man den See erkunden. Radfahrer und Spaziergänger kommen nicht immer in Ufernähe. Wer höher hinaus will, besucht den **Waldseilpark** auf der Taborhöhe (Ostufer; Mai–Mitte Sept. tgl., bis Ende Okt. Do.–So., Tel. 0699/18601607, www.hochhinauf.at).

Veranstaltungen
Anfang September röhren am Faaker See Tausende Motoren bei der **European Bike Week** (ehemals Harley-Davidson-Treffen). Die 50 000 Biker schwärmen für ihr touristisches Programm in alle Himmelsrichtungen aus.

Unterkunft
Abseits vom Rummel liegt das €€€€ **Inselhotel** im Faaker See, das einzige seiner Art in Österreich (Faak am See, Tel. 04254/2145, www.inselhotel.at, nur im Sommer geöffnet).

Umgebung
Die Ruine der **Burg Finkenstein** (12. Jh.) 3 km südlich des Faaker Sees wird im Sommer zu einem der stimmungsvollsten Veranstaltungsorte Kärntens (www.burgarena.at). Seit 2005 besitzt Finkenstein mit einem 18-Loch-Golfplatz eine weitere Attraktion (Golf Schloss Finkenstein, Tel. 04257/29021).

Information
Villach-Warmbad/Faaker See/Ossiacher See Tourismus GmbH, Töbringer Straße 1, A-9523 Villach-Landskron, Tel. 04242/42000, www.region-villach.at.

DuMont Aktiv

Duett über dem grünen See

Der Gleitschirmsport hat auf der Gerlitzen über dem Ossiacher See eine Hochburg. Ein Tandem-Flug ist ein Erlebnis mit hohem Abenteuer- und Suchtfaktor.

Vom Gipfelplateau der Gerlitzen schwingen sich die Paragleiter beinahe im Minutentakt in die Lüfte. Die Gefühle sind gemischt; erst als das Kommando zum Start fällt, sind die letzten Zweifel verflogen. Pilot und Passagier rennen auf den Abgrund zu – und werden mit einem Ruck der Erde entrissen! Über dem Ossiacher See dahingleitend, stellt sich eine unendliche Leichtigkeit ein. Während Pilot Alex gekonnt die Thermik nutzt, sitzt man als Passagier überraschend bequem im Geschirr, bannt das Abenteuer auf Film oder genießt einfach die Aussicht.

„Startpiste" auf der Gerlitzen

LUST AUF MEHR
Tief unten breitet sich der smaragdgrüne Ossiacher See in seinem waldumrahmten Bett aus; im Süden wirft die Burgruine Landskron Zackenschatten auf das grüne Bergidyll. In knapp 30 Minuten sind die 1400 Höhenmeter bis zum Landeplatz in Annenheim überwunden. Sanfte Landung, fester Boden unter den Füßen. Und unsicher? Keine Minute. Paragleiten ist ein Erlebnis mit hohem Suchtfaktor. Das wissen auch die Profis der Kärntner Flugschulen und geben einem nach der „Einstiegsdroge" Tandemflug gleich einen Gutschein für einen Schnupperkurs mit …

Motorschirmpilot in der Luft

WEITERE INFORMATIONEN

Kärntner Flugschulen
St. Andräer Straße
A-9520 Annenheim
Tel. 0676/3400340
www.kaerntner-flugschulen.at

Preise für Tandemflug und Kurse
von der Gerlitzen: 130 €
vom Ossiachberg darunter: 85 €
Schnupperkurs (1 Tag): 90 €
Einsteigerkurs (3 Vormittage): 210 €

Vielfältiges Grenzland

Rund 120 km lang sind die Karawanken, die Kärtnen vom südlichen Nachbarn Slowenien trennen. Mit ihren schroffen Kalkwänden und riesigen Geröllhalden rücken sie sich vom Klagenfurter Becken imposant in den Blick. Die Regionen am Fuß der Bergkette – vom Rosental im Westen bis zum Jauntal im Osten – scheinen langsam aus dem touristischen Dornröschenschlaf zu erwachen. Östlich der Drau schließt sich das Untere Lavanttal an. Das „Schatzhaus" Kärntens, das Stift St. Paul, ist sein kultureller Mittelpunkt.

Abenteuer Karawanken:
auf dem Weg zur Klagenfurter Hütte

Freizeitaktivitäten im Süden Kärntens: Badespaß am Klopeiner See (oben), Radvergnügen auf dem Drau-Radweg (unten links), Wanderlust am weitgehend naturbelassenen Turner See, rund 1,5 km südlich vom Klopeiner See (unten rechts)

Pop-Art in Bleiburg: Der Freyungsbrunnen von
Kiki Kogelnik (1935–1997)

Bizarre Formen vom steten Tropfen gestaltet: Obir-Tropfsteinhöhle in Bad Eisenkappel

M an schrieb das Jahr 1870. In jahrhundertelanger Wühlar-beit hatten Bergleute das Obir-Massiv auf der Suche nach Blei und Zink in eine Art Schweizer Käse mit einem auf stolze 600 km angewach-senen Stollensystem verwandelt. Eine Sprengung sollte sie nun in einen bis dahin unbekannt gebliebenen Teil des Berges führen ...

WUNDERWELT AM HOCHOBIR
Als sich der Staub legte, breiteten sich im Lichtkegel ihrer Grubenlampen Tropfsteinhöhlen aus, die noch nie ein Lebewesen zu Gesicht bekommen hatte. Aber erst 120 Jahre später – der Bergbau

war bereits seit rund 50 Jahren einge-stellt und die Region suchte nach neuen Einnahmequellen – kam man auf die Idee, die Höhlen als Touristenattraktion zu nutzen.

Heute bewegen sich die Höhlenbe-sucher, ausgerüstet mit Helm und war-mer Kleidung, zu waberndem Licht und den Klängen von Bachs „Toccata und Fuge" durch eine wahre Wunderwelt der Natur: Der spannende Weg führt vorbei an meterlangen Stalaktiten, die von der Decke herabwachsen, an einem Sintersee, der in gespenstisch blauem Licht schimmert, und an Sintersäulen, die den Pfeifen einer versteinerten Rie-sen-Orgel gleichen.

KÄRNTENS WÄRMSTE BADEWANNE
Mit Österreichs EU-Beitritt im Jahr 1995 begannen auch vermehrt Finanzmittel aus Brüssel in die strukturschwachen Gebiete entlang der Karawanken-

Der spannende Weg führt vorbei an Stalaktiten.

Grenze zu fließen. Bei den verschiede-nen Projekten kooperieren die Kärntner heute oft mit den Nachbarn Italien und Slowenien. Die Lückenschließung am Drau-Radweg oder die Zusammenarbeit im Biolandbau zählen zu den vielen

Im Frühling blühen in den Karawanken die Christrosen.

Wanderer erwartet hinter dem nächsten schroffen Felsen immer auch die nächste tolle Aussicht.

Im Bodental: Der Talschluss mit dem jäh abfallenden Kalkmassiv der Vertatscha ist ein landschaftlicher Höhepunkt der Karawanken.

Auf dem Petzen, der östlichsten Erhebung der Karawanken

Vorhaben, mit denen die Region südlich der Drau für Besucher attraktiver gemacht werden soll.

Keinen solchen Anstoß braucht dagegen der Klopeiner See: Mit rund 1 Mio. Übernachtungen im Jahr ist Österreichs wärmster Badesee (Spitzenwert 29 °C) ein wahrer Touristenmagnet. Gleich nebenan, am Turner See oder am Gösselsdorfer See, findet man dann aber wieder jene Beschaulichkeit und wunderbare Ruhe vor, die Südkärnten auszeichnet.

DAS SLOWENISCHE ERBE

Auf Schritt und Tritt begleitet den Besucher entlang der Karawanken-Grenze das slowenische Erbe Kärntens. Zumindest in ungezählten Flurnamen klingt es an, auch wenn im öffentlichen Raum Slowenisch kaum mehr gesprochen wird. Der Staatsvertrag, der Österreich im Jahr 1955 seine Unabhängigkeit sicherte, sieht in Artikel 7 den Schutz der slowenischen Minderheit vor. Umgesetzt werden sollte dies beispielsweise durch die Aufstellung von zweisprachigen Ortstafeln im gemischtsprachigen Siedlungsgebiet. Tatsächlich wurde die Aufstellung deutsch/slowenischer Ortstafeln aber unter dem Druck deutschnationaler Verbände hintertrieben – manchmal, wie im „Ortstafelsturm" von 1972, sogar handgreiflich. Es dauerte

weitere 40 Jahre, bis die Kontrahenten den „Ortstafelstreit" endlich beilegten. Der 2011 ausgehandelte Kompromiss sieht 164 zweisprachige Ortstafeln in 24 Südkärntner Gemeinden vor, doppelt so viele wie bisher. Zudem können die Gemeinden auf freiwilliger Basis zweisprachige Ortstafeln auch für zusätzliche Ortschaften beschließen. In Bezug auf die Amtssprachenregelung wurde vereinbart, dass Slowenisch als Amtssprache in 16 Südkärntner Gemeinden angewendet werden soll. Hoffnung, dass noch vorhandene Grenzen in den Köpfen bald überwunden werden können, macht aber eine andere Entwicklung: Die Zahl der Anmeldungen zum zweisprachigen Unterricht steigt.

SÜDKÄRNTENS ARCHAISCHE SEELE

Immer wieder wurde die Thematik der sich überlappenden Kulturkreise auch künstlerisch verarbeitet. Der Schriftsteller Peter Handke hat in mehreren Werken seine slowenischen Wurzeln thematisiert. Einen poetischen, zugleich er-

schütternden Bericht über das Schicksal der Kärntner Slowenen seit der Nazi-Zeit lieferte Maja Haderlap mit ihrem Werk „Engel des Vergessens" (Bachmannpreis 2011) ab. Ein Künstler, der wie kein anderer die archaische Seele Südkärntens zum Ausdruck brachte, stammt jedoch ursprünglich aus Wuppertal-Elberfeld: der expressionistische Maler Werner Berg (1904–1981).

„SCHÖNE BÄUME, GUTER MOST"

Seine sanften Hügel und riesigen Obstgärten brachten dem südlichen Lavanttal den Beinamen „Paradies" Kärntens ein. Äpfel und Birnen sind der Rohstoff für den Lavanttaler Most, der den Besuchern mit Mostmessen, Mostwanderwe-

Den Besucher begleitet das slowenische Erbe Kärntens.

gen und Festen nähergebracht wird. Buschenschänken zählen zu den besten Möglichkeiten, Kärntner Schmankerl aus bäuerlicher Produktion zu verkosten. Angeboten werden dürfen dort nur kalte Speisen aus eigener Herstellung, wie etwa Geselchtes, kalter Braten, Würste, Liptauer oder „Glundner Käse".

Am Tschauko-Wasserfall in der Tscheppa-Schlucht

Schlossberg der Marktgemeinde Griffen

Idylle pur: Fischteich im Rosental

PFARRKIRCHE HL. MARTIN IN DIEX

Eine Kirche als Festung

Kirchen sind meistens eher symbolische Zufluchtsstätten, Orte der Ruhe für Seele und Geist. In früheren Zeiten brauchte man aber mitunter eine Zufluchtsstätte vor ganz realen, äußeren Bedrohungen. Und da Kirchen oft strategisch günstig, nämlich auf einer Anhöhe lagen, baute man sie als Wehrkirchen aus oder errichtete sogenannte Kirchenburgen.

Eine solche Wehrkirche besitzt die auf 1152 m Höhe gelegene Gemeinde Diex am Südosthang der Saualpe, 9 km nördlich von Völkermarkt. Diex schmückt sich mit dem Titel „sonnigste Gemeinde Kärntens": Hier scheint die Sonne tatsächlich für 2000 Stunden im Jahr. Zudem bietet der Ort herrliche Ausblicke auf das Jauntal sowie die Karawanken. Die unumstrittene Hauptattraktion von Diex ist aber die prachtvolle Pfarrkirche Hl. Martin. Das streitbare Gotteshaus, errichtet zur Zeit der Türkenbedrohung im 15. Jahrhundert, erinnert sehr an eine Fes-

Schutz hinter dicken Mauern

tung: Es wird umschlossen von einer 5 m hohen Ringmauer mit Rundtürmen, von hölzernen Wehrgängen und Schlüsselloch-Schießscharten. Die Schindeln wurden aus Stein angefertigt und hielten auch Brandpfeilen stand. Keine andere Wehrkirche des Landes macht einen so „entschlossenen" Eindruck!

Zu trinken gibt es in einer echten bäuerlichen Buschenschänke statt Bier und Kaffee hausgemachte Säfte – und natürlich den spritzigen, goldgelben Most aus vergorenen Äpfeln.

IM „SCHATZHAUS" KÄRNTENS

Schätze ganz anderer Art präsentiert das Stift St. Paul. Als 1091 der Spanheimer-Graf Engelbert I. die Burg Lavant zum Sitz eines Benediktinerklosters machte, betraute er Mönche aus dem Schwarzwald-Kloster Hirsau damit, das neue Kloster zu verwalten. Jahrhundertelang bildete St. Paul ein Zentrum der Bildung und der Kultur Kärntens. Ende des 18. Jahrhunderts wurde das Stift aufgehoben, aber es dauerte nur bis 1809, bis wieder deutsche Mönche St. Paul mit neuem Leben erfüllten. Sie waren aus ihrer Heimat St. Blasien im Schwarzwald vertrieben worden. Einen Teil der wertvollen Kunstgegenstände und Schriften, die dem Stift den Beinamen „Schatzhaus Kärntens" eingebracht haben, sind mit diesen Mönchen hergekommen – auch eine der am besten erhaltenen Gutenberg-Bibeln der Welt. Aus Geldmangel wurde sie um 1930 verkauft und ist heute ein Prunkstück der Kongressbibliothek in Washington. Dass die US-Präsidenten seither ihren Amtseid auf diese Bibel ablegen würden, ist aber nur eine Mär.

Bräute für Kärntens Single-Bären

Derzeit streifen bis zu zehn Braunbären durch die südlichen Gebirge Kärntens. Das Problem: Frau Bär wohnt nicht hier. Das könnte sich mit einem Wiederansiedelungsprojekt ändern.

Das Bärental südlich von Klagenfurt, der Petzenbär ... Ortsnamen und Sagen legen in Kärnten Zeugnis davon ab, dass Braunbären in Österreichs südlichstem Bundesland einst weit verbreitet waren. Trotz Bejagung im 19. Jahrhundert erlosch die Population nie ganz. Wanderer aus Slowenien und Kroatien ließen sich immer wieder mal diesseits der Karawanken blicken. „2013 sind bis zu zehn Bären durch Kärnten gestreift", sagt Bernhard Gutleb, der „Bärenanwalt" des Landes.

Das Problem: Die „Wahlkärntner" sind alle Männchen. Während Herr Petz als nimmermüder Wanderer bekannt ist, hat es Frau Petz lieber häuslich. So ließ sich in den vergangenen Jahren offenbar kein Bärenweibchen aus dem Süden zu einem Ausflug nach Kärnten hinreißen. Geht es nach dem Willen von Bärenfreunden, Jägern und dem WWF, sollen Kärntens Single-Bären bald weiblichen Besuch bekommen und für Nachwuchs sorgen. Der Startschuss für das Projekt könnte, wenn die Politik mitspielt, in den nächsten Jahren fallen.

In Slowenien ist der Bärenbestand mit mindestens 500 Exemplaren so hoch, dass die Regierung Abschüsse genehmigt. Was läge näher, als einige Weibchen von dort zu importieren? Eine psychologische Barriere vielleicht? Grundsätzlich, so Gutleb, sei die Akzeptanz in der Kärntner Bevölkerung für die vorhandenen Bären sehr groß. Würden die Bärinnen „von sich aus" nach Kärnten kommen, wäre dies wohl am besten. Ein Import erfordere mehr Aufklärungsarbeit, um die Akzeptanz z. B. bei den Grundbesitzern zu erhöhen. Aber wer würde nicht verstehen, dass die armen Single-Bären eine Lebensperspektive brauchen? Doch noch ist das Zukunftsmusik. Zunächst soll mehr

über die Männer-Community in den Karawanken, den Karnischen Alpen und den Gailtaler Alpen in Erfahrung gebracht werden. Diese drei Gebiete wären auch am besten geeignet für eine Bärenpopulation, die sich selbst erhalten kann. Seit neuestem werden Wanderer in Waldgebieten südlich der Drau mit Infotafeln darauf aufmerksam gemacht, dass sie sich in „Bärengebiet" befinden.

BÄR UND MENSCH

Der beste Schutz der Bären vor dem Menschen ist ihre Scheu. Dass Bären aber Bienenstöcke plündern oder Schafe reißen, kommt immer wieder vor. Mit der „Bärenversicherung" und einem Entschädigungsfonds hat das Land Kärnten für solche Fälle vorgesorgt.

Wie aber stehen die Chancen, einem Braunbären in freier Wildbahn zu begegnen? „Bei nahezu Null", versichert Gutleb. Bären sind dämmerungs- und nachtaktiv. Ihm selbst laufe nur ein bis zweimal im Jahr einer über den Weg. Das Kenny-Bear-Land in Müllnern bei Villach bietet aber die Möglichkeit, einen Braunbären zu beobachten. Kenny erblickte 1992 im Zoo von Ljubljana (Laibach) das Licht der Welt und sollte eingeschläfert werden, weil für ihn kein Platz war. Kärntner Bären-Freundinnen retteten ihn. Heute genießt der ziemlich zahme Bär in seinem riesigen, waldreichen Freigehege sein zweites Leben. Bei Führungen kann man dem Bärenherrn bis auf Pelzfühlung nahekommen.

ADRESSE

Kenny-Bear-Land, Lindnerweg 7, A-9585 Müllnern-Villach
Tel. 04257/44 08 oder 0660/1662006
http://kennybear.kaernten.tv

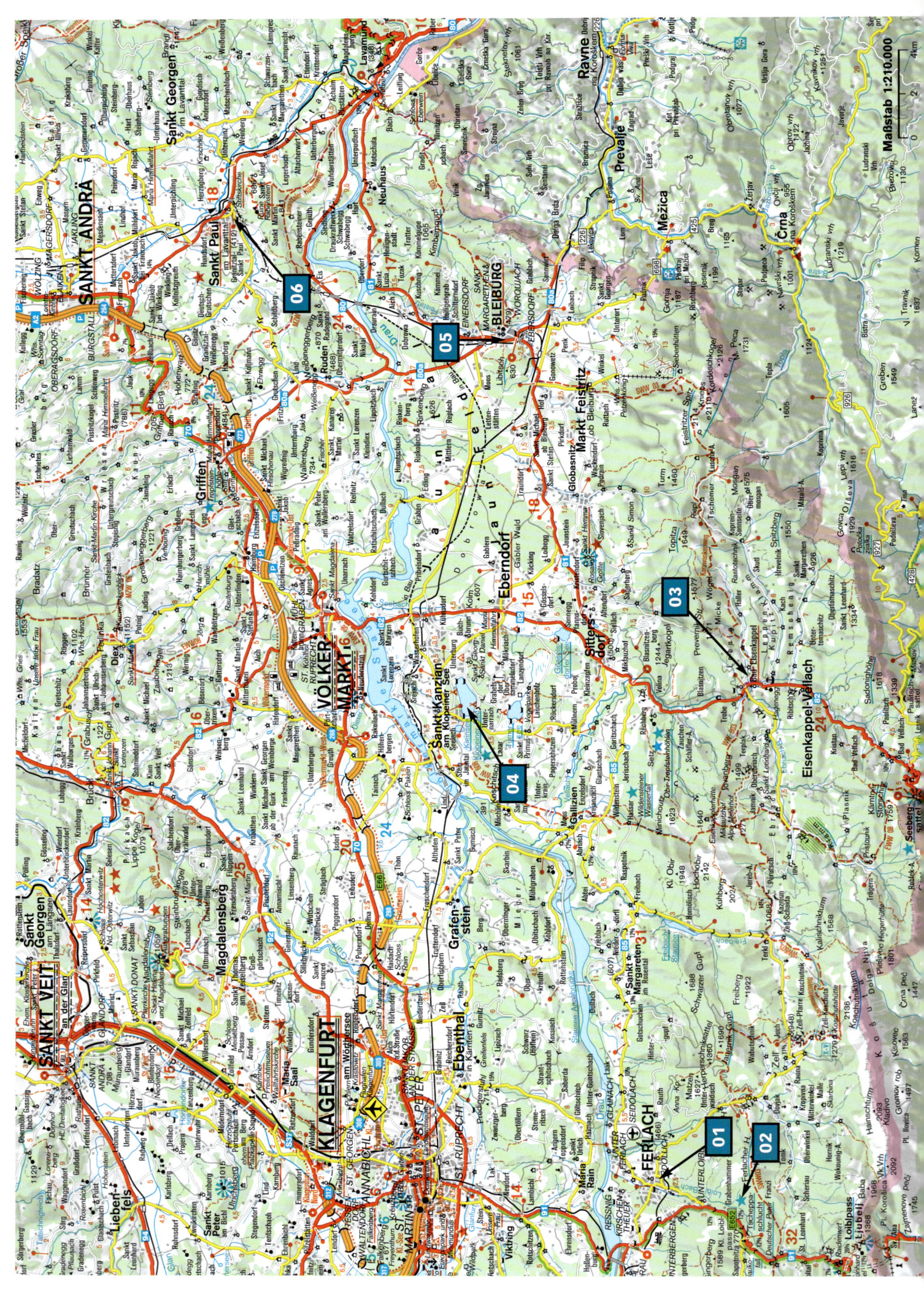

Kärntens raues Ende

Eine Reise in Kärntens südliches Grenzland führt in urtümliche Gegenden, in denen altes Handwerk und beständige Traditionen überlebt haben, durch kaum gezähmte Natur aus Stein und Wasser und zu bedeutenden Kulturleistungen des Menschen.

01 FERLACH

Die südlichste Stadt Österreichs (8000 Einw.) ist der Hauptort des Rosentals (zw. Rosegg im Westen und St. Margareten) und bekannt wegen ihrer im 16. Jh. begründeten Büchsenmacher-Tradition. Die elf Büchsenmacher der Region setzen auf höchste Handwerksqualität.

Museen

Zum **Büchsenmacher- und Jagdmuseum** in Schloss Ferlach (Mitte Mai–Mitte Okt. tgl. 10–18, sonst Di.–Fr. 14–18 Uhr, Sponheimer Platz 1, Tel. 04227/4920) hat die deutsche Unternehmerfamilie Horten Jagd-Trophäen aus aller Welt beigesteuert. Im Sommer zeigen Kunsthandwerker die Kunst der Gravur an Jagdwaffen. Dem Bienenzüchten hat sich das **Carnica-Bienenmuseum** angenommen. Zu sehen sind u.a. Schaustöcke (Juli/Aug. Di.–So. 13–18 Uhr, Mai/Juni/Sept., Sa. u. So. 13–18 Uhr, Kirschentheuer 6, Tel. 04227/2328, www.bienenmuseum.net).

Umgebung

Die Wallfahrtskirche von **Maria Elend** (20 km westl. von Ferlach) bewahrt mit ihrem gotischen Flügelaltar (Maria und die 14 Nothelfer) eine großartige Arbeit der Villacher Schule.

Information

Carnica Region Rosental, Sponheimer Platz 1, A-9170 Ferlach, Tel. 04227/5119, Fax 04227/4970, www.carnica-rosental.at.

02 TSCHEPPASCHLUCHT

Auf dem Weg zum Loibl-Pass findet sich mit der **Tscheppaschlucht** ▶TOPZIEL eine der urtümlichsten Wildwasserlandschaften Österreichs. Hier macht man schöne Wanderungen mit Abstechern zu urigen Gasthäusern.

Sehenswert

Ausgangspunkt ist ein Parkplatz bei Unterloibl. Von hier aus führt, gesichert durch Steige, Leitern und Hängebrücken, ein 90-minütiger Wanderweg am wild schäumenden Loibl-Bach entlang. Wo der Kalk Schwachstellen zeigte, hat sich das Wasser zum Teil Dutzende Meter tief in das Gestein gefräst. Der Höhepunkt bildet der 26 m hohe **Tschauko-Fall** (ca. letzte Aprilwoche–Ende Okt., Tel. 04227/3304). Trittsicherheit und gutes Schuhwerk sind erforderlich.

Unterkunft

Der €€ **Alpengasthof Sereinig** ist ein guter Stützpunkt zur Erkundung der Karawanken und bekannt für seine Spezialitäten vom Kärntner Brillenschaf (Ferlach, Bodental 40, Tel. 04227/6300, www.gasthof-sereinig.com).

Umgebung

Eine beliebte Anschlusswanderung führt in das **Bodental**. Der Talschluss mit der Märchenwiese im Vordergrund und dem jäh abfallenden Kalkmassiv der Vertatscha im Hintergrund ist ein landschaftlicher Höhepunkt der Karawanken. Lohnenswert: ein Ausflug auf die Klagenfurter Hütte in 1644 m Höhe. Über den Loiblpass gelangt man zum Bleder See in Slowenien, einem der schönsten Bergseen der Alpen.

Information

Carnica Region Rosental, Kontaktdaten s. linke Spalte (bei „Ferlach").

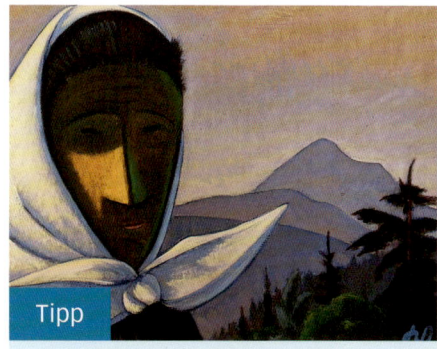

Tipp

Den Alltag gemalt

Der expressionistische Maler Werner Berg (1904–1981) siedelte sich 1931 auf dem einsam gelegenen Rutarhof im Jauntal an. Er fühlte sich vor allem von den Traditionen und der Lebensweise der überwiegend slowenischen Landbevölkerung angezogen. In Hunderten von Bildern wurde er zum Chronisten der Menschen und ihres Lebensraums. Nach seinem Tod ehrte die Stadt Bleiburg den in Deutschland geborenen Maler mit einem Museum.

Mai–Okt., Di.–So. 10–18 Uhr,
10. Oktober-Platz 4, Tel. 04235/211027,
www.wernerberg.museum

03 BAD EISENKAPPEL

Das in einer historischen Bergbauregion gelegene Bad Eisenkappel (2700 Einw.) im Vellach-Tal hat sich als Kurort etabliert.

Sehenswert

Mit einem Zubringerbus gelangt man zu den Obir-Tropfsteinhöhlen (tgl. April–Mitte Okt., Tel. 04238/8239, www.hoehlen.at). Etwa 1,5 Stunden dauert der Rundgang durch die imposantesten Tropfsteinhöhlen Österreichs (warme Kleidung und feste Schuhe erforderlich).

Museum

Den slowenischen Widerstand gegen die Nazi-Diktatur dokumentiert die Gedenkstätte **Peršmanhof** östlich von Bad Eisenkappel, wo SS-Truppen 1945 ein Massaker an zwei slowenischen Familien verübten (Anfang Mai–Ende Okt. Fr., Sa., So. und Fei. 10–17 Uhr, Koprein-Petzen 3, Tel. 4238/25060, www.persman.at).

Umgebung

Der **Hochobir** (2142 m, 8 km westl. von Bad Eisenkappel) ist einer der schönsten Aussichtspunkte der Region. Im Gipfelgebiet entspringt ein Bach, der im Süden als **Wildensteiner**

Die Tradition des Bienenzüchtens im Rosental präsentiert das Carnica-Bienenmuseum.

Infos

Wasserfall 54 m in die Tiefe stürzt (Anfahrt über Wildenstein). Grandiose Ausblicke auf die Koschuta eröffnen sich auf der kurvenreichen Fahrt nach Westen über den Schaidasattel in das **Hochtal von Zell/Sele**. In der gemischtsprachigen Region prägen alte Gehöfte das Bild. Auf halbem Weg lohnt ein Stopp im Naturschutzgebiet **Trögener Klamm**. Über den südlich von Bad Eisenkappel gelegenen Paulitsch-Sattel gelangt man in das wildromantische slowenische Logar-Tal. Auf dem 836 m hohen Hemmaberg 18 km nordöstlich von Bad Eisenkappel sind die Überreste eines bedeutenden frühchristlichen Wallfahrtsortes aus dem 5. und 6. Jh. zu sehen (Rundweg mit Schautafeln). Die Pilgertradition erlebte seit dem 17. Jh. eine Renaissance. Seither gilt die Verehrung der heiligen Rosalia, einer Pestheiligen. Wichtige Funde sind im **Pilgermuseum** in Globasnitz ausgestellt (Mai–Mitte Okt., Di–So. 10 bis 12, 14–17 Uhr, Tel. 04230/20046).

Information

Tourismusverein, Hauptplatz 7, A-9135 Bad Eisenkappel, Tel. 04238/8686, www.bad-eisenkappel.info.

04 KLOPEINER SEE

Der 1,1 km² große Klopeiner See bildet den touristischen „Hot Spot" Unterkärntens. Rund um den wärmsten See des Landes findet man Unterkünfte in jeder Preiskategorie, eine dichte Infrastruktur für Wassersport sowie Cafés und Bars. Hauptort ist St. Kanzian (4300 Einw.).

Unterkunft

Der Landgasthof € € **Piroutz** (Turner See, Lanzendorf 2, Tel. 04239/2715, www.piroutz.at) liegt abseits vom Trubel des Klopeiner Sees.

Restaurant

€ **Tinas Buschenschank und Bauernladen** (Gösselsdorf, Kirchenstraße 12) bietet Kärntner Jause und schönes Karawanken-Panorama.

Tipp

Aktiv mit Most

Im Granitztal westlich von St. Paul ist Mostwandern angesagt. In Varianten von 9, 13 und 18 km führen Wanderwege quer über die Hügel und vorbei an Buschenschänken. Dort kann man sich mit einer zünftigen Brettljause stärken. Am schönsten ist eine Wanderung Anfang Mai, wenn die Obstbäume in voller Blüte stehen.

Grandioser Ausblick: Im Hochtal von Zell/Sele

Umgebung

Weitgehend naturbelassen ist der 1,5 km südlich gelegene **Turner See**. Im Südosten schließt sich das Naturschutzgebiet **Sablatnig-Moor** (Vogel- und Amphibienbeobachtung möglich) an. Heimische Vögel und Exoten, beispielsweise Tukane, zählt der Vogelpark Turnersee in St. Primus zu seinen Attraktionen (Mitte Apr.–Mitte Okt., Tel. 04239/2707).

5 km südöstlich des Klopeiner Sees wartet mit dem **Gösselsdorfer See** ein weiteres Naturjuwel auf Erholungssuchende. In kultureller Hinsicht bemerkenswert ist der von Kärntner Künstlerinnen und Künstlern gestaltete Kreuzweg in Stein im Jauntal, 2,5 km westlich des Klopeiner Sees. Die Bezirkshauptstadt Völkermarkt an der Drau, 10 km nordöstlich gelegen, verfügt über eine schöne Altstadt mit ansehnlichen Bürgerhäusern.

Die Marktgemeinde **Griffen** 24 km nordöstlich des Klopeiner Sees ist Geburtsort des Schriftstellers Peter Handke (1942). Im ehemaligen Prämonstratenserstift ist eine Dokumentation über Leben und Werk des Dichters zu sehen (tgl. außer Mo., Tel. 04233/2344). Das Ortsbild Griffens dominiert der 130 m hohe Schlossberg mit malerischer Burgruine. Die Tropfsteinhöhle im Berginneren gilt wegen ihrer bunten Sinterformationen als außergewöhnlich (Führungen Mai–Okt., Tel. 04233/2029, www.tropfsteinhoehle.at).

Information

Tourismusregion Klopeiner See-Südkärnten, Schulstraße 10, 9122 St. Kanzian, Tel. 04239/2222, Fax 04239/222233, www.klopeinersee.at.

05 BLEIBURG

Das Städtchen Bleiburg (4100 Einw.) ist das Zentrum des Jauntals. Der Name erinnert an den früheren Bleiabbau im Massiv der Petzen (2113 m), die den südlichen Horizont dominiert und den letzten großen Ausläufer der Karawanken bildet.

Sehenswert

Von der in Bleiburg geborenen und in New York zu Ruhm gekommenen Pop-Art-Künstlerin Kiki Kogelnik (1935–1997) stammt der **Freyungsbrunnen** (auch Stierbrunnen genannt). Er bildet einen reizvollen Kontrast zu den alten Bürgerhäusern entlang des sanft ansteigenden Hauptplatzes.

Aktivitäten

Das Massiv der **Petzen** stellt ein lohnendes Wander- und Ski-Gebiet dar und bietet sehr schöne Ausblicke auf Lavant-, Rosen- und Jauntal. Auf eine Höhe von 1712 m führt eine Seilbahn (Sommerbetrieb Mitte Juni–Ende Sept.).

Veranstaltungen

Das erste Septemberwochenende steht in ganz Unterkärnten und im nahen Ausland im Zeichen des **Bleiburger Wiesenmarktes**, der im Jahr 1393 erstmals ausgerichtet wurde.

Umgebung

Der Ort **Neuhaus** (8 km nordöstl. von Bleiburg) bittet Mitte September zum Had'n-Fest. Die Initiative eines örtlichen Vereins verhalf dem Buchweizen (Had'n) wieder zu kulinarischen Würden (www.hadn.info).

DuMont Aktiv

Information

Tourismusinformation Bleiburg, 10. Oktober-Platz 1, A-9150 Bleiburg, Tel. 04235/211015, Fax 04235/211022, www.bleiburg.gv.at.

06 ST. PAUL IM LAVANTAL

Jenseits der Drau, eingerahmt von den Ausläufern der Saualpe und der Koralpe, schließt sich das Untere Lavanttal an. Kultureller Mittelpunkt ist Stift **St. Paul ▶ TOPZIEL**, das den Beinamen „Schatzhaus Kärntens" trägt.

Sehenswert

Das 1091 gestiftete **Benediktinerstift** (Anf. Mai–Ende Okt., Di–Fr. 9–17 Uhr, Tel. 04357/20190, www.stift-stpaul.at) ist das älteste „lebende" Kloster des Landes. Die monumentale romanische Stiftskirche weist Kunstschätze aus mehreren Stilepochen auf. Bemerkenswert: die um 1468 entstandenen Fresken der Südtiroler Gebrüder Pacher im gotischen Kreuzrippengewölbe und das Stifterfresko, das wenige Jahrzehnte später Thomas von Villach anfertigte. Gemälde und Grafiken von Rubens, Rembrandt, Dürer – es gibt kaum einen Künstler des ausgehenden Mittelalters und der Renaissance, der in der Kunstsammlung nicht vertreten wäre. Dem größten Schatz des Stiftes ist ein eigener Raum gewidmet: dem aus dem 11. Jh. stammenden Reliquien-Kreuz der Königin Adelheid von Ungarn. Nur ein Teil der Kunstschätze ist permanent zu sehen.

Shopping

Einige Most-Landwirte der Region vermarkten ihre „Mostbarkeiten" (vom Most bis zum Edelbrand) gemeinsam auf dem **Zogglhof** (St. Paul, Hundsdorf 2, Voranmeldung unter Tel. 04357/3141, www.mostbarkeiten.at).

Veranstaltungen

Beim **Apfelfest** in St. Georgen (Ende Sept.) dreht sich alles um die Frucht, die das Lavanttal prägt (www.apfelfest.at). Der **St. Pauler Kultursommer** (Mitte Mai–Anf. Aug.) lockt Freunde klassischer und sakraler Musik ins Stift.

Unterkunft

Günstiges Quartier bieten die Gasthöfe **€ Johannesmesner** (St. Paul, Johannesberg 2, Tel. 04357/2300, www.johannesmesner.at) und etwas außerhalb **€ Rabensteiner** (Unterhaus 3, Tel. 04357/2038, www.rabensteiner.at).

Information

Fremdenverkehrsamt, Platz St. Blasien 1, A-9470 St. Paul, Tel. 04357/201722, Fax 04357/201730, www.sanktpaul.at, Lavanttal allgemein: www.rmlav.at.

Gut gesichert hoch hinaus

Einmal wie Tarzan (oder Jane) durch den Urwald schwingen – dieses Abenteuer wird im Waldseilpark Tscheppaschlucht Wirklichkeit.

Insgesamt umfasst Kärntens erster Waldseilpark am Eingang zur wilden Tscheppaschlucht 87 Elemente in sechs Schwierigkeitsstufen. Hängebrücken, Netze, Leitern, Balken, Seilrutschen und Schaukeln verlangen Eltern und Kindern schon etwas Mut ab. Doch keine Bange: Zunächst gibt's eine Sicherheitseinschulung; dann können Besucher mit der bereitgestellten Ausrüstung loslegen. Karabiner eingeklinkt – und schon tastet und schwingt man sich von Plattform zu Plattform, von Baum zu Baum.

Oder lieber nicht nach unten schauen?

FÜR JEDEN WAS

Während auf dem „Baby-Parcours" Kinder ab vier Jahren ihr Balancegefühl knapp über dem Waldboden verbessern können, bewegen sich die Älteren in spannend luftigen Höhen dahin. Den Adrenalin-Höhepunkt bildet die „Tscheppa-Rutsche", eine 300 m lange Flying-Fox-Anlage. Man stößt sich ab und schon „fliegt" man in 42 m Höhe über dem tosenden Loibl-Bach dahin – und zwar so flott, dass zum Fürchten kaum Zeit bleibt! Wen es anschließend nach etwas mehr Bodenhaftung verlangt: Die Wanderung durch die Tscheppaschlucht ins malerische Bodental ist geradezu ideal dafür.

Seile und Karabiner schaffen Sicherheit.

WEITERE INFORMATIONEN

Kontaktdaten:
Waldseilpark Tscheppaschlucht, Parkplatz Tscheppaschlucht (ca. 800 m nach der Ortschaft Unterloibl), Tel. 0664/1355743.

www.waldseilpark -tscheppaschlucht.at

Öffnungszeiten: Mai–Ende Juni Sa., So., Fei. 10-17 Uhr; Juli–1.Septemberwoche tgl. 10–18 Uhr, bis Ende Okt. Sa., So., Fei. 11–16 Uhr.

Kinder müssen stets von erwachsenen Begleitpersonen beaufsichtigt werden!

Service

Geschichte

300 v. Chr. Keltische Stämme besiedeln den Ostalpenraum. Die Siedlung am Magdalensberg wird zu einem wichtigen keltischen Eisenverarbeitungs- und Handelszentrum.

Ab 300 Erste Christianisierung, ausgehend vom Patriarchat Aquileia (bei Grado).

5. Jh. Im Zuge der Völkerwanderung zerfällt Roms Herrschaft. Germanenstämme dringen in das Gebiet des heutigen Kärnten ein.

7. Jh. Slawische Völker besiedeln die Kärntner Beckenlandschaft.

8. Jh. Erstmals sind die Bezeichnungen „Carantanum" und „Carontani" für das Land und seine Bewohner nachgewiesen. Die Karantanen (Slawen) geraten unter den Einfluss der Bayern bzw. der Franken. Beginn der zweiten Christianisierung, ausgehend von Salzburg und Freising (Bayern).

976 Kärnten wird mit weiteren Gebieten südlich und östlich zum selbstständigen Herzogtum erhoben. Damit ist es unter den heutigen Bundesländern Österreichs die Einheit mit den ältesten Wurzeln.

11. Jh. Bedeutende Stifte werden gegründet, z. B. St. Georgen am Längsee, Gurk, Ossiach, Millstatt und St. Paul.

1335 Die Habsburger werden vom deutschen König Ludwig mit Kärnten belehnt.

1348 Ein starkes Erdbeben verwüstet Villach und löst einen Bergsturz am Dobratsch aus. Die Pest bricht aus.

1473–1483 Türkische Heere fallen fünfmal in Kärnten ein. Mehrere Bauernaufstände werden niedergeschlagen. Die ersten Wehrkirchen entstehen.

1518 Der Habsburger-Kaiser Maximilian I. schenkt das von einem Großbrand zerstörte Klagenfurt den Kärntner Ständen. Das in der Folge zu einer Festung ausgebaute Klagenfurt löst St. Veit als Hauptstadt ab.

Ab 1525 Die Reformation hält in Kärnten Einzug. Auch große Teile des Adels bekennen sich zu Luthers Lehren.

Ab 1600 Im Zug der von den Jesuiten angeführten Gegenreformation werden die Protestanten zurückgedrängt.

Ab 1740 Reformen unter Kaiserin Maria Theresia leiten eine Modernisierung auf Kosten der ständischen Macht und der Kirche ein.

1780–1790 Abschaffung der Leibeigenschaft durch Kaiser Joseph II. Die verbliebenen Protestanten dürfen ihre Religion wieder frei ausüben. Viele Kärntner Klöster (u. a. Ossiach, Viktring, St. Georgen) werden aufgehoben.

1800 Erstbesteigung des Großglockners, des höchsten Berges Österreichs.

1797–1813 Kärnten wird durch napoleonische Truppen schwer mitgenommen.

1848/49 Kärnten wird selbstständiges Kronland, Sitz der Landesregierung ist Klagenfurt.

ab 1866 Durch den Bau von Eisenbahnstrecken nach Norden und Süden wird Kärnten leichter erreichbar, Kärntens Seen werden als Sommerfrische-Destinationen entdeckt.

1918 Nach dem Ersten Weltkrieg und dem Zerfall der Donaumonarchie erklärt Kärnten den Beitritt zum neuen Staat Deutsch-Österreich. Gegen das Vordringen slawischer Truppen nach Südkärnten beschließt die Landesregierung den bewaffneten Widerstand.

1919/20 Kärnten verliert mit dem Friedensvertrag von St. Germain Gebiete an Italien und den neuen Staat der Serben, Kroaten und Slowenen. Am 10. Oktober 1920 votieren die Bewohner der jugoslawisch besetzten Zone – unter ihnen auch viele Slowenen – für den Verbleib bei Kärnten und damit für die Landeseinheit.

1938 Kärnten wird wie ganz Österreich in Hitler-Deutschland einverleibt.

1945 Britische Truppen besetzen Kärnten. Jugoslawische Gebietsansprüche werden zurückgewiesen.

1955 Österreich erhält durch den Staatsvertrag die Souveränität wieder. Der Schutz der slowenischen Minderheit wird verankert.

1972 Im „Kärntner Ortstafelsturm" verhindern deutschnationale Kärntner vielerorts die Aufstellung zweisprachiger (deutsch/slowenischer) Ortstafeln.

1978 Nach mehr als 2000 Jahren endet die Eisenerzgewinnung in Hüttenberg.

1983 Kärnten verabschiedet ein Gesetz zur Gründung des Nationalparks Hohe Tauern.

1989 Der Chef der Freiheitlichen Partei, Jörg Haider, wird Landeshauptmann von Kärnten. (Sturz 1991 über Lob für „Beschäftigungspolitik im Dritten Reich").

1999 Jörg Haider wird zum zweiten Mal Landeshauptmann von Kärnten.

2004 Mit dem EU-Beitritt Sloweniens am 1. Mai verbindet Kärnten Hoffnungen auf wirtschaftliche Impulse.

2006 Mit 93 Jahren stirbt am 7. 1. der berühmte Alpinist, Forschungsreisende und Autor Heinrich Harrer in seiner Kärntner Heimat.

2007 Die Bayerische Landesbank erwirbt die Kärntner Landesbank Hypo Alpe Adria.

2008 Klagenfurt als ein Austragungsort der Fußball-EM. Landeshauptmann Haider stirbt am 11. Oktober bei einem Verkehrsunfall.

2009/10 Die Hypo Group Alpe Adria wird durch Notverstaatlichung vor dem Zusammenbruch gerettet. Milliardenverluste und die Umstände des Verkaufs an die BayernLB werden von der Justiz in Deutschland und Österreich untersucht. Kärnten muss sparen.

2013 Eine Koalition aus Sozialdemokraten, Volkspartei und Grünen übernimmt in Kärnten die Macht.

ANREISE

Auto: Kärnten ist für Urlauber aus Deutschland über die Tauernautobahn (A 10) bequem erreichbar. Die Route verläuft über München und Salzburg und den Tauern- sowie Katschbergtunnel. Wer Staus vermeiden will, sollte in der Hochsaison besser nicht am Wochenende reisen. Als Alternative bietet sich die „Tauernschleuse"– der Autozug zwischen Böckstein (Salzburg) und Mallnitz – an. Eine Anreiseroute über Tirol führt über Wörgl bzw. Kufstein nach Kitzbühel – Mittersill – Felbertauerntunnel – Lienz – Spittal/Drau. Wer zum Auftakt seines Kärnten-Urlaubs bereits ein Panorama-Highlight erleben will, ist mit der (mautpflichtigen) Großglockner-Hochalpenstraße von Bruck (Salzburg) nach Heiligenblut bestens bedient.

Bahn: Kärntens Zentren wie Klagenfurt, Villach und Spittal sind an das deutsche und schweizerische Bahnnetz gut angeschlossen; die Anreise aus Deutschland erfolgt in der Regel über München.

Autozug: Von Hamburg, Düsseldorf und Hildesheim verkehren von Mai bis September DB-Autoreisezüge nach Villach. www.dbautozug.de, Tel. 01806/996633.

Flugzeug: Die Austrian Airlines (AUA) fliegen über Klagenfurt und Wien zahlreiche deutsche Städte an. Die einzige Direktverbindung im Sommer und Winter unterhält derzeit Germanwings (von Klagenfurt nach Köln/Bonn). In der Wintersaison bestehen in der Regel weitere Flugangebote aus deutschen Städten. Am Flughafen Klagenfurt gibt es zahlreiche Autoverleihe und einen Zubringerbus in die Stadt.

ÄRZTLICHE HILFE

Deutsche Staatsbürger benötigen bei einer Behandlung in Österreich die Europäische Krankenversichertenkarte (EHIC) bzw. einen Auslandskrankenschein. Sie gibt dem behandelnden Arzt die Gewissheit, dass der Leistungsnehmer pflichtversichert ist. Dennoch kann es der Fall sein, dass der Leistungsträger auf Barzahlung besteht (z. B. bei einem Ski-Un-

Herzlich willkommen: Kärnten lädt ein!

CAMPING

Beliebteste Ziele: Zu den beliebtesten Zielen im Camping-Mekka Kärnten zählen der Wörthersee, Faaker See, Ossiacher See, Keutschacher See (FKK) und der Klopeiner See. Für die Sommersaison empfehlen sich Buchungen im Voraus. Aktuell gibt es mehr als 100 Campingplätze.
Detaillierte Beschreibungen findet man auf der Internetseite www.camping.at. Über die Urlaubsinformation Kärnten ist eine eigene Camping-Broschüre bestellbar.

ERMÄSSIGUNGEN

Wer viel vor hat, ist mit der **Kärnten Card** bestens bedient. Mit dieser Karte (1 Woche 36 €, Kinder 15,50 €, auch 2-Wochenversion) ist der Zugang zu über 100 der interessantesten Ausflugsziele kostenlos. Darunter sind mehr als ein Dutzend Museen, Bergbahnen, mautpflichtige Panoramastraßen und Erlebniswelten. Erhältlich ist die Kärnten Card von Mitte April bis Anfang Oktober in Tourismusbüros (Informationen unter www.kaerntencard.at). Ebenfalls große Ersparnisse bringen regionale Cards wie

fall). Die EHIC gilt nur für Notfälle – die sogenannte unmittelbare medizinische Versorgung. Das Auswärtige Amt rät generell dringend an, auf Auslands-Krankenversicherungsschutz mit Rückholversicherung zu achten.

AUSKUNFT

Internet: Auf der offiziellen Seite der Kärnten Werbung – www.kaernten.at – findet man viele Informationen über Urlaubsziele, Aktivitäten und Angebote sowie eine Online-Buchungsmöglichkeit. Über Angebote und Attraktionen in Kärnten informiert ferner www.tiscover.at.
In Deutschland: Österreich Werbung (Urlaubsservice der Österreich Werbung), A-1043 Wien, Tel. 00800/40020000, ulaub@austria.info.
In der Schweiz: s.o., Tel. 0842/101818, ferien @austria.info, vacances@austria.info.
In Kärnten: Urlaubsinformation Kärnten, Völkermarkter Ring 21–23, A-9020 Klagenfurt, Tel. 0043(0)463/3000, Fax 0043(0)463/3000-50, info@kaernten.at, www.kaernten.at.
Apps: Der Kärnten Tourenguide bietet eine Fülle von Informationen zu Wanderungen, Radtouren oder Winteraktivitäten, zusätzliche Infos: http://apps.kaernten.at/

AUTOFAHREN

Als Kfz-Fahrer benötigt man Führerschein und Kraftfahrzeugschein. Für die Benutzung der Autobahnen besteht Vignettenpflicht. Es gibt

Jahres-, Zweimonats- und Zehn-Tages-Vignetten. Sie sind bei den deutschen Automobilclubs sowie an Tankstellen und Postämtern im Grenzbereich erhältlich.
Zu beachten: Auf Autobahnen und Schnellstraßen ist seit 2012 die Rettungsgasse Pflicht, eine freibleibende Fahrgasse zwischen den einzelnen Fahrstreifen, die bei Stau oder stockendem Verkehr gebildet werden muss.
Pannendienste: ÖAMTC Tel. 120, ARBÖ Tel. 123 (jeweils ohne Vorwahl).

BARRIEREFREI

Die Urlaubsinformation Kärnten hat Informationen über barrierefreien Urlaub übersichtlich auf ihrer Website zusammengefasst. Dazu zählen rollstuhlgerechte Ausflugsziele ebenso wie barrierefreie Beherbergungsbetriebe und Segelsport für Menschen mit Behinderungen. www.kaernten.at/de/channel/barrierefrei.

BOTSCHAFTEN UND KONSULATE

Botschaft der Bundesrepublik Deutschland in Wien: Metternichgasse 3, A-1030 Wien, Tel. 01/711540, www.wien.diplo.de, info@wien.diplo.de.
Botschaft der Schweiz in Wien: Kärntner Ring 12, 1010 Wien, Tel. 01/79505, www.eda.admin.ch, vie.vertretung@eda.admin.ch.

Reisedaten

Kärnten

Flug von Deutschland
Köln–Klagenfurt–Köln ab 200 €
Inlandsverkehr
Bahnfahrt Klagenfurt–Spittal 15 €
Reisepapiere
Personalausweis oder Reisepass
Währung
Euro
Mietwagen
Ab 40 € pro Tag, (bei Wochenend-Special, unbegrenzte Kilometer)
Benzin
1 l Super ca. 10 % günstiger als in Deutschland
Hotel
DZ/Frühstück: Luxuskategorie ab 160 €, Mittelklasse ab 60 €
Ferienwohnung an See
Hochsaison für 4 bis 5 Personen ab 500 € pro Woche
Menü à la carte
3 Gänge mit Wein pro Person ab 20 €
Einfaches Essen
Hauptgericht ab 8 €
Ortszeit
MEZ/MSZ

Service

die **Wörthersee-Card** und die **Nationalpark Kärnten Card** (Hohe Tauern), die über ausgewählte Vermieter ausgegeben werden.

ESSEN UND TRINKEN

Kärnten ist altes Bauernland – dementsprechend wird die „Ur-Küche" von einfachen und nahrhaften Speisen geprägt. Ihre wichtigsten Grundzutaten sind Getreide- und Milchprodukte, Kartoffeln, Fleisch und Fisch. Besonders im Süden und Südwesten verrät Kärntens Küche auch Einflüsse aus dem friulanisch-adriatischen Raum, die von ideenreichen Köchen und Köchinnen seit einigen Jahren wieder stärker betont werden.

Speisen: Beinahe jedes Gasthaus führt Kärntner „Nudeln" auf seiner Speisekarte. Darunter versteht man faustgroße Teigtaschen mit verschiedenartiger Füllung. Die bekannteste Nudel – im Westen auch mitunter Krapfen genannt – ist die Kärntner Kasnudel, gefüllt mit einem Gemisch aus Topfen (Quark), passierten Kartoffeln, Lauch und Zwiebeln (mancherorts auch brauner Minze). Dazu wird meist grüner Salat serviert. Andere Nudeln verbergen ein fleischiges Innenleben und werden mit Kraut als Beilage kombiniert. Wer sich im Nudel-Dickicht orientieren will, ordert am besten einen gemischten Nudelteller. Äußerst nahrhafte Speisen sind Ritschert, ein Rollgersteneintopf mit Speck und Bohnen, sowie die noch deftigere Frigga, bei der Eier, Käse, Speck und Polenta in der Pfanne zubereitet werden. Als Kärnten-Besucher tut man sich gar nicht so leicht, diese Gerichte zu finden.

Idylle auf dem Weißensee

Prost, Mahlzeit! Ein Lavanttaler Apfelmost passt ideal zur zünftigen Kärntner Brettljause.

Auch hier prägen oft Schnitzel & Co. das Angebot. Fündig wird man am ehesten in qualitätsbewussten Landgasthäusern, bei Festen oder in privatem Rahmen.

Aus der bäuerlichen Produktion stammt auch, was in den Buschenschänken als zünftige Brettljause auf den Tisch kommt: Würste, Speck, Geselchtes, Aufstriche und vielleicht als Spezialität ein „Glundner Käse". Im Seenland Kärnten führt auch kein Weg vorbei an Fisch: Forelle, Saibling, Äsche, Wels, Hecht und Reinanke sind besonders beliebt. Für Fleisch in Spitzenqualität stehen u.a. der Kärntner Almochs und das Brillenschaf. Naschkatzen halten nach dem Reindling Ausschau, einem Hefeteigkuchen mit Zimt- und Rosinenfüllung. Der Grantenschleck (Preiselbeeren, Rahm und Zucker) ist ebenso eine Sünde wert wie die süßen Kletzennudeln (mit gedörrten Birnen). Und im Fasching isst man die (ungefüllten) Krapfen aus Hefeteig. Zu beobachten ist außerdem ein Boom von regionalspezifischen „Schmankerln", oft begleitet von eigens ins Leben gerufenen Festivitäten. Im Gailtal sind dies der Almkäse und der Speck, im Lavanttal der Most. Diese Spezialitäten sind namensrechtlich geschützt und unterliegen einer strengen Qualitätskontrolle. Bauernmärkte sind übrigens immer eine gute Adresse, wenn es um ein originelle kulinarische Mitbringsel geht.

Getränke: Unbedingt verkosten sollte man in Kärnten den erfrischenden Lavanttaler Apfelmost, den ein geringer Alkoholgehalt auszeichnet. Auch Apfel- und Birnensäfte sowie der eine oder andere höherprozentige Tropfen aus der Region sind zu empfehlen. Klein, aber fein ist das Angebot der Kärntner Biere, von denen das Hirter Bier auch im Rest Österreichs populär ist. Beim Wein hält man sich an gute Tropfen aus der benachbarten Steiermark oder aus Italien. Eine Kaffeehaus-Kultur findet man in Kärnten in der Regel nur in größeren Orten.

FEIERTAGE

1. Januar (Neujahr), 6. Januar (Heilige Drei Könige), Ostermontag, 1. Mai, Christi Himmelfahrt, Pfingstmontag, Fronleichnam, 15. August (Mariä Himmelfahrt), 26. Oktober (Nationalfeiertag), 1. November (Allerheiligen), 8. Dezember (Mariä Empfängnis), 25. Dezember (Weihnachten), 26. Dezember (Stefanitag). Für Angehörige der evangelischen Kirchen AB und HB ist zudem der Karfreitag ein gesetzlicher Feiertag.

FERIEN AUF DER ALM

Orientierung über das dichte Angebot in Kärnten bieten ein Katalog der Kärnten Werbung bzw. die Website www.urlaubaufderalm.com.

FISCHEN

Informationen finden Petri-Jünger unter www.kaerntner-fischerei.at. Gut aufbereitet hat auch die Region Gailtal/Weißensee ihr Angebot (www.naturarena.com). Ende September/Anfang Oktober am Millstätter See Wettfischen um die „Kristallrenke" (www.renke.at).

FKK

Informationen unter www.keutschach.at. Weitere FKK-Einrichtungen z.B. am Millstätter See, am Längsee und am Rutar-Lido in Eberndorf.

HOTELS

Die Hotels sind auf den Infoseiten der einzelnen Kapitel aufgeführt. Preiskategorien:

Preiskategorien

€€€€	Doppelzimmer	ab 160 €
€€€	Doppelzimmer	bis 160 €
€€	Doppelzimmer	bis 110 €
€	Doppelzimmer	bis 60 €

JUGENDHERBERGEN

Alterslimits gibt es keine, ein Internationaler Jugendherbergsausweis ist erforderlich. Auskünfte erteilt der Österreichische Jugendherbergsverband (www.oejhv.or.at, Tel. 01/533 5353).
Ganzjährig geöffnet sind die Jugendgästehäuser in Klagenfurt, Villach und Velden.
Saisonal geöffnet ist die Herberge in Heiligenblut (Anfang Dezember bis Mitte Oktober).

KINDER

Eine gute Übersicht über kindgerechte Ausflugsziele in Kärnten bietet die Website www.mamilade.at.

MIETAUTO

Die meisten internationalen Verleihfirmen sind am Klagenfurter Flughafen zu finden, u.a. AVIS (Tel. 0463/55938, www.avis.at), Hertz (Tel. 0463/56147, www.hertz.at) und Sixt (Tel. 0463/420640, www.sixt.at).
Reservierung in Deutschland: Avis, Tel. 01805/27702, www.avis.com; Europcar, www.europcar.de.

NOTRUFE

Euro-Notruf: 112
Feuerwehr: 122
Polizei: 133
Rettung: 144
Bergrettung: 140
ÖAMTC: 120
ARBÖ: 123

ÖFFNUNGSZEITEN

Geschäfte: Supermärkte haben unter der Woche in der Regel etwa Mo.–Fr. 8–19, Sa. bis 17 Uhr geöffnet. In Tourismusgemeinden dürfen Läden in der Saison auch am So. öffnen. Bei kleineren Geschäften sind Mittagspausen durchaus noch üblich.

Lage/Natur: Das südlichste Bundesland Österreichs grenzt im Osten und Nordosten an die Steiermark, im Nordwesten an Salzburg, im Westen an (Ost-)Tirol, im Süden an Italien bzw. Slowenien. Kernlandschaft Kärntens ist das auf allen Seiten von Gebirgszügen umschlossene Klagenfurter Becken, das der mächtige Draugletscher in der Eiszeit fast ganz ausfüllte. In den von den Eismassen ausgeschliffenen Wannen bildeten sich zahlreiche Seen. Die vier größten (von insgesamt 1270, Gebirgsseen mit eingerechnet) sind der Wörthersee (19,4 km²), der Millstätter See, der Ossiacher See und der Weißensee. Dem Klagenfurter Becken schließt sich im Westen das gebirgige Oberkärnten (oberes Drau-, Möll-, Lieser- und Gailtal) an. Der bestimmende Fluss Kärntens ist die Drau. An seinem Unterlauf ist der in West-Ost-Richtung strömende Fluss in vielen Abschnitten aufgestaut. Mit dem Nationalpark Hohe Tauern und den westlichen Nockbergen hat das Land zwei Naturräume mit zahlreichen seltenen Pflanzen- und Tierarten großflächig unter Schutz gestellt. Daneben gibt es – selbst an den stark frequentierten Erholungsseen – viele kleine Naturschutzgebiete.

Klima: Im Sommerhalbjahr ist das Klima Kärntens eines der günstigsten in Österreich. Vor allem in der bei Urlaubern beliebten Seenregion des Klagenfurter Beckens kommen mediterrane Klimaeinflüsse mit vielen Sonnenstunden und beständig hohen Temperaturen zum Tragen. Die Berge halten neben Regen auch den Wind ab, was mitentscheidend ist für die hohen (und beständigen) Temperaturen vieler Badeseen. Im Winter herrschen im Klagenfurter Becken dagegen Nebel und Temperaturumkehr vor. Im gebirgigen Nordwesten des Landes dominiert ein raueres, ozeanisch beeinflusstes alpines Klima.

Post: Postämter halten ihre Schalter in der Regel Mo.–Fr. 8–12 und 14–18 Uhr geöffnet. Die Öffnungszeiten der sogenannten Post Partner in kleineren Orten können aber beträchtlich abweichen (z.T. auch Sa. geöffnet).
Banken: Meist Mo.–Fr. von 8–16 Uhr, in kleineren Orten öfter mit Mittagspause. Das Netz an Geldautomaten ist flächendeckend.
Museen: Auf dem Land und sogar in manchen Städten haben Museen und andere Attraktionen oft nur von April oder Mai bis längstens Ende Oktober geöffnet und begeben sich dann sozusagen in einen „Winterschlaf". Die Öffnungstage sind in der Regel Di.–So.

Politische Gliederung: Kärnten ist mit einer Fläche von 9533 km² das fünftgrößte der neun Bundesländer Österreichs. Politisch ist es in acht Bezirke und 132 Gemeinden unterteilt. Die Landeshauptstadt Klagenfurt und Villach sind Städte mit eigenem Statut.
Bevölkerung: In Kärnten leben ca. 555000 Menschen – etwa 7% der Gesamtbevölkerung Österreichs. Die Bevölkerungsdichte liegt bei 58 Einwohnern/km² (Österreich: 95/km²). Die größten Städte sind Klagenfurt (90000 Einw.), Villach (60000 Einw.), Wolfsberg (25000 Einw.) sowie Spittal (16000 Einw.). 92,4% der Einwohner bezeichnen Deutsch als ihre Muttersprache. Der Anteil der Kärntner, die Slowenisch (bzw. Windisch) als Umgangssprache angeben, beträgt offiziell 2,5%. Die Siedlungsgebiete der Kärntner Slowenen liegen im Süden. Rund 77% der Bevölkerung ist römisch-katholisch. Nach dem Burgenland weist Kärnten den zweithöchsten Anteil von Protestanten in Österreich auf (10,3%).
Wirtschaft: Bei vielen Wirtschaftsindikatoren liegt Kärnten unter dem österreichischen Durchschnitt. Das Bruttoregionalprodukt pro Einwohner lag 2010 bei 28700 € (Österreich 34100 €), die Arbeitslosenquote 2012 bei 9,1% (Österreich 7%). Dramatisch gestaltet sich die Finanzlage. Bei der Pro-Kopf-Verschuldung liegt Kärnten mit 5200 € an der Spitze (Vorarlberg 2012: 300 €). Für die kommenden Jahre hat die Regierung einen rigiden Sparkurs verordnet. Einer der wichtigsten Wirtschaftszweige ist der Tourismus. 72% entfallen auf den Sommertourismus. Bei einer durchschnittlichen Aufenthaltsdauer liegt Kärnten mit 4,4 Übernachtungen je touristischer Ankunft im österreichischen Spitzenfeld. Als Technologie-Standort hat sich in den vergangenen Jahren die Region um Villach profiliert.

RESTAURANTS

Die Restaurants sind auf den Infoseiten der einzelnen Kapitel aufgeführt. Cafés, Vinotheken etc. werden nicht kategorisiert. Es gelten

Preiskategorien

€€€€	Hauptspeisen	über 20 €
€€€	Hauptspeisen	15–20 €
€€	Hauptspeisen	10–15 €
€	Hauptspeisen	5–10 €

Service

die oben aufgeführten Preiskategorien, wobei man aber berücksichtigen sollte, dass einfache Kärntner Gerichte durchaus sehr günstig sein können. Allen in diesem Band genannten Restaurants gemeinsam ist die gute Qualität ihres Angebots.

SPORT

Golf: Beschreibungen der Kärntner Golfanlagen und Infos über spezielle Golf-Packages findet man unter www.kaernten.at/golflust/.
Reiten: Die Website www.reit-eldorado.at bietet eine gute Übersicht über das Angebot in Mittel- und Nordkärnten (mit Prospekt-Download). Weitere Infos unter www.kaernten.at.
Radfahren und Mountainbiken: Infos zu Radwegen, Mountainbike-Trails, E-Bike-Verleihstationen und maßgeschneiderten Urlaubsangeboten bietet www.kaernten.at/rad/.
Wandern: Einen guten Einstieg in das Thema bietet die Website www.kaernten.at/wandern/.
Wassersport: Gezielt nach einem Angebot suchen kann man unter www.kaernten.at.

Wintersport: Die größten Ski-Regionen sind die Sonnenalpe Nassfeld an der Grenze zu Italien und Bad Kleinkirchheim in den Nockbergen. Weitere Ski-Gebiete gibt es u. a. am Mölltaler Gletscher, in Heiligenblut, in Mallnitz, am Katschberg und auf der Turracher Höhe (Helmpflicht für Kinder bis 15 Jahre). Schlittschuhläufer sind am Weißensee und am Afritzer See gut aufgehoben.

URLAUB AM BAUERNHOF

Information: Im Internet kann man sich ebenso einen aktuellen Überblick verschaffen (www.urlaubambauernhof.com) wie in einer speziellen Broschüre, zu bestellen beim Landesverein „Urlaub am Bauernhof in Kärnten" (Viktringer Ring 5, A-9020 Klagenfurt, Tel. 0463/330099-0).

VERANSTALTUNGEN

Information: www.kaernten.at/de/events (aktuell und übersichtlich gegliedert).

Wetterdaten

Klagenfurt

	TAGES-TEMP. MAX.	NACHT-TEMP. MIN.	WASSER-TEMP.	TAGE MIT NIEDER-SCHLAG	SONNEN-STUNDEN PRO TAG
Januar	0°	−7°	n.	5	3
Februar	4°	−5°	n.	5	4
März	10°	−1°	n.	6	5
April	15°	3°	n.	8	6
Mai	20°	8°	18°	10	7
Juni	23°	11°	22°	12	7
Juli	26°	13°	24°	9	8
August	25°	13°	25°	9	8
September	21°	9°	21°	7	6
Oktober	14°	4°	n.	7	4
November	6°	−1°	n.	7	2
Dezember	1°	−5°	n.	6	2

Register

Impressum

2. Auflage 2014
© DuMont Reiseverlag, Ostfildern

Verlag: DuMont Reiseverlag, Postfach 3151, 73751 Ostfildern, Tel. 0711/4502-0, Fax 0711/4502-343, www.dumontreise.de
Geschäftsführer: Dr. Thomas Brinkmann, Dr. Stephanie Mair-Huydts
Programmleitung: Birgit Borowski
Redaktion: Frank J. Müller-Stindl, Olaf Rappold, Verena Stindl (red.sign, Stuttgart), Dorothee Kern
Text: Stefan Spath, Wien
Exklusiv-Fotografie: Katja Kreder, Murnau am Staffelsee
Titelbild: Bildagentur Huber/Johanna Huber (Weißensee)
Zusätzliches Bildmaterial: Avenue Images/Bilderberg/Siegfried Martin: 42; Bildagentur Huber: 36/37; Bildagentur Huber/Da Ros Luca: 74/75; Bildagentur Huber/Fantuz Olimpio: 95 o.; Burg Friesach Errichtungs-GmbH: 46; Harald Eisenberger: 83; getty images/Guenter Schiffmann: 28 r.; Bernhard Gutleb: 111 o.; Hotel Hochschober GesmbH: 4 o. l., 54, 56; Kräuterdorf Irschen: 89; Tom Lamm: 4 o. r., 82, 84 r.; laif/Sabine Bungert: 18/19, 20 u. l., 22, 23 o. l., 26 o.; laif/Tobias Gerber: 50 u. r., 90/91; laif/Gerald Haenel: 8-11, 20 o. l.; laif/Christian Kaiser: 55 o., 55 u.; LOOK-foto/age fotostock: 110, 111 u.; mauritius images/ imagebroker/Dr. Wilfried Bahnmüller: 34/35, 47 o.; mauritius images/imagebroker/Jörg Dauerer: 4 u. l., 39; mauritius images/imagebroker/Edwin Stranner: 7 o. l. M. o., 12/13, 38 M. r.; ORF/Kärnten: 23 u.; picture-alliance/dpa: 28; picture-alliance/dpa/dpaweb: 43 l.; picture-alliance/IMAGNO/Gerhard Trumler: 50 u. l.; Ernst Prokop: 84 l.; Alexander Rattinger: 101; Schloss Velden a Capella Hotel: 26 M. r.; Stadtpresse Klagenfurt/Horst: 28 l.; Touristische Anlagen Hüttenberg: 43 r.; Waldseilpark Tscheppaschlucht: 115; Wörthersee Schifffahrt: 33 o.
Grafische Konzeption, Art Direktion: fpm factor product münchen
Layout: Susanne Junker, Neslihan Tatar (red.sign, Stuttgart)
Bildredaktion: Michaela Salden, Anja Schlatterer (red.sign, Stuttgart)
Kartografie: © MAIRDUMONT GmbH & Co. KG, Ostfildern
DuMont Bildarchiv: Marco-Polo-Straße 1, 73760 Ostfildern, Tel. 0711/4502-266, Fax 0711/4502-1006, bildarchiv@mairdumont.com

Für die Richtigkeit der in diesem DuMont Bildatlas angegebenen Daten – Adressen, Öffnungszeiten, Telefonnummern usw. – kann der Verlag keine Garantie übernehmen. Nachdruck, auch auszugsweise, nur mit vorheriger Genehmigung des Verlages. Erscheinungsweise: monatlich.

Anzeigenvermarktung: MAIRDUMONT MEDIA, Tel. 0711 450 23 33, Fax 0711 45 02 10 12, media@mairdumont.com, http://media.mairdumont.com
Vertrieb Zeitschriftenhandel: PARTNER Medienservices GmbH, Postfach 810420, 70521 Stuttgart, Tel. 0711 72 52-212, Fax 0711 72 52-320
Vertrieb Abonnement: Leserservice DuMont Bildatlas, Zenit Pressevertrieb GmbH, Postfach 810640, 70523 Stuttgart, Tel. 0180 572 72 52 265, Fax 0180 572 72 52 333, dumontreise@zenit-presse.de
Vertrieb Buchhandel und Einzelhefte: MAIRDUMONT GmbH & Co. KG, Marco-Polo-Straße 1, 73760 Ostfildern, Tel. 0711 45 02 0, Fax 0711 45 02 340
Reproduktionen: PPP Pre Print Partner GmbH & Co. KG, Köln
Druck und buchbinderische Verarbeitung: NEEF + STUMME premium printing GmbH & Co. KG, Wittingen, Printed in Germany

FSC
www.fsc.org
MIX
Papier aus verantwortungsvollen Quellen
FSC® C001857

Berlin leuchtet, nicht nur beim Festival of Lights, das die Stadt jeden Herbst zum Strahlen bringt.

BERLIN

Die Hauptstadt lockt ...
mit spektakulärer Architektur, preußischen Prunkbauten und viel Kunst auf der Museumsinsel.

Ganz Berlin eine Bühne
Drei Opernhäuser, berühmte Bühnen, dazu Kabarett und Cocktails – Berliner Nächte sind lang!

Szene-Viertel
Die besten Adressen in Prenzlauer Berg und Kreuzberg.

Herrliche Seen inmitten einer grandiosen Berglandschaft – dafür stehen das Salzburger Land und Salzkammergut.

SALZBURGER LAND

Urlaub im Paradies
Zu viel versprochen? Kaum!

Salzburger Festspiele
Ein Teil der österreichischen Identität.

Wenn der Berg ruft
Jede Menge Ziele für Genusswanderer und Familien.